Gertrud Hardtmann
16, männlich, rechtsradikal

Gertrud Hardtmann

16, männlich, rechtsradikal

Rechtsextremismus –
seine gesellschaftlichen und
psychologischen Wurzeln

Patmos

Bibliografische Information der Deutschen Nationalbibliothek

Die Deutsche Nationalbibliothek verzeichnet diese Publikation
in der Deutschen Nationalbibliografie; detaillierte bibliografische Daten
sind im Internet über http://dnb.d-nb.de abrufbar.

Inhalt

Vorwort

Dieses Buch soll kein spezieller Ratgeber für Menschen sein, die sich professionell mit dem Thema »Rechtsradikalismus« befassen. Die Verantwortung dafür, wie im Alltag auf rechtsradikale Gewalt reagiert wird, betrifft jeden erwachsenen Bürger. Mein Buch ist daher gedacht für Menschen, die sich Sorgen um die Entwicklung in Deutschland machen und Fragen haben. Fragen wie z. b., aus welchen Quellen sich die rechtsradikale Destruktivität speist und unterhält, und ob das in der rechtsradikalen Ideologie *auch* vorhandene positive Potenzial möglicherweise konstruktiv genutzt werden kann.

Ich gehe davon aus, dass wir alle in Deutschland von rechtsradikaler Gewalt wenn auch nicht unmittelbar bedroht, so doch provokativ angesprochen sind. Wenn sich Menschen wegen ihrer Hautfarbe, Behinderungen, sexuellen Neigungen oder auch nur, weil sie vermeintlich oder tatsächlich Ausländer sind, in unserem Land nicht mehr frei bewegen können aus Angst vor Diskriminierung, Übergriffen und körperlichen Angriffen, dann stehen nicht nur unser Ansehen und unsere wirtschaftlichen Interessen international auf dem Spiel, sondern auch unsere Selbstachtung und die Bindung an unsere Verfassung, unser Land und unsere Heimat. Das Grundgesetz, das für uns alle gilt, formuliert, dass die Würde des Menschen unantastbar ist. Wer mental oder auch als Komplize rechtsradikale Gewalt unterstützt, stellt sich selbst außerhalb dieser Verfassung. Nicht nur die Ausländer, sondern auch wir können uns in diesem Land nicht mehr heimisch fühlen, wenn der öffentliche Raum von Gewalt regiert wird.

Der Akzent liegt auf dem Begriff »Gewalt«, denn rechtsradikale

Meinungen und rechtes Gedankengut lassen sich ebenso wie links-radikales nicht verbieten. Es ist nur dann sinnvoll etwas zu verbieten, wenn man es auch wirksam kontrollieren kann. Gedanken lassen sich nicht kontrollieren, es sei denn, sie werden öffentlich gemacht. Rechtsradikales Gedankengut ist international. Über das Internet ist es mit und ohne rassistische Untertöne in der ganzen Welt zu finden. Über Veröffentlichungen, wozu auch Liedtexte gehören, ist es jedermann zugänglich. Auch das ist im Zeitalter der Globalisierung nicht zu kontrollieren. Verbote im eigenen Land können eine grenz-überschreitende Verbreitung nicht verhindern. Damit stellt sich die Frage: Was können wir tun, außer zu verbieten?

Dieses Buch versucht Antworten zu geben auf die Fragen, warum sich Jugendliche eine rechtsradikale Einstellung zu eigen machen und ihre Handlungen danach ausrichten, welche Illusionen und Hoffnungen sie mit der Ideologie verknüpfen, wie sie Gewalt zu-gleich thematisieren und verleugnen und sich damit mental der Ver-antwortung für ihre Taten entziehen. Es soll sensibilisieren für das Phänomen »Rechtsradikalismus«, für die Opfer und die Täter – und nicht zuletzt für die eigenen bewussten und unbewussten destrukti-ven Potenziale.

Was trieb mich an, mich mit rechtsradikalen Jugendlichen zu beschäftigen? Es waren Erinnerungen, Sorge um unser Land und die zahlreichen Opfer rechtsradikaler Gewalt sowie eine gesunde Neu-gierde. Meine persönlichen Erfahrungen mit rechter Kultur gehen auf die NS-Zeit zurück: Stiefel, Aufmärsche, Uniformen, ein Klima von Angst und Gewalt, sobald man sich nicht unterwarf, und sei es nur, weil man daran gewöhnt war, mit »Guten Tag« anstatt mit »Heil Hitler« zu grüßen. Der falsche Gruß führte in der Oberschule jedes Mal zu einer Rüge, drei Rügen zu einem Tadel, drei Tadel … Die Liste der Bestrafungen ließe sich weiter fortsetzen. Dies war der Alltag im Nationalsozialismus, nicht überall, aber doch dort, wo die Nazis das Sagen hatten. Mit Drohungen musste rechnen, wer schlicht keine

Lust hatte, sich an bestimmten Ritualen und Aufmärschen zu beteiligen. Was trieb die damals nur wenige Jahre älteren Führerinnen an? Warum der unverhüllte Hass auf alles Fremde und Abweichende? Waren es ähnliche Beweggründe, wie sie rechtsradikale Jugendliche heute antreiben?

Die Beobachtungen, auf die sich dieses Buch stützt, stammen aus meiner sozialpädagogischen Arbeit mit rechtsradikalen Jugendlichen in Berlin-Mahrzahn, Berlin-Lichtenberg und Berlin-Mitte. In Marzahn waren es unstrukturierte und spontane Gespräche, in Lichtenberg ein vom Jugendgericht angeordnetes soziales Training, an dem ich begleitend teilnahm. Ich führte Einzel- und Gruppengespräche mit den Jugendlichen und tauschte mich mit den Sozialarbeitern aus. Wichtige zusätzliche Informationen lieferten mir auch die Dokumentarfilme über rechtsradikale Jugendliche und ihre Eltern in Berlin-Lichtenberg von Gerlinde Böhm *Mein Kind ein Skin* und *Vertrauen gegen Gewalt*, ZDF 1992.

I. Das Phänomen Rechtsradikalismus

»Er hätte ja ooch bei de Linken landen können ...«, so die Mutter eines rechtsradikalen Jugendlichen. Hatte sie damit Recht? Sind Jugendkulturen auswechselbar und die Zugehörigkeit zu einer bestimmten Jugendkultur vom Zufall abhängig und nicht auch von der Entwicklung und Persönlichkeit des Jugendlichen?

Meine erste Begegnung mit rechtsradikalen Jugendlichen fand in einem Jugendhaus in Berlin-Marzahn statt. Die Stadt hatte ihnen dieses Haus zur Verfügung gestellt, um die Kleinkriege zwischen rechten und linken Jugendlichen zu beenden und ihnen einen Ort anzubieten, den sie unangefochten selbst gestalten konnten. Es war ein verwahrlostes, heruntergekommenes, relativ allein stehendes Haus, in nächster Nähe nur eine Würstchenbude mit Bierausschank. Materialien zur Renovierung wurden vom Amt gestellt, die Betreuung erfolgte durch Sozialarbeiter. Tatkräftig und einsatzbereit arbeiteten die Jugendlichen daran, dieses Haus für ihre Bedürfnisse wieder herzustellen. Mir fiel auf den ersten Blick die eindeutige Arbeitsteilung auf, die ich von linken Jugendhäusern nicht gewohnt war: Die Jungen waren die Handwerker, die Mädchen bedienten am Tresen mit Cola und Snacks. Als Unbekannte – nur kurz vom Sozialarbeiter vorgestellt – wurde mir als Frau gleich zu Beginn nicht nur mein Platz, sondern auch meine Rolle hinterm Tresen zugewiesen. Ich hatte die Phantasie, dass mir eine Schürze umgebunden und dass damit auch die Rolle festgelegt wurde, die ich in dieser Gruppe spielen sollte. Plötzlich befand ich mich in einer mir nicht ganz fremden, aber doch ungewohnten Kultur der Rollenverteilung zwischen den Geschlechtern. Für meine Großmütter war es noch selbstverständlich, dass sie die Schürze trugen und für den Haushalt zuständig waren, während die Männer die handwerklichen Arbeiten verrichteten – ein Film aus vergangenen Zeiten!

Wie ernst es den rechtsradikalen Jugendlichen mit dieser Rollenverteilung war, wurde mir erst später klar: In Abwesenheit des Sozialarbeiters klingelte das Telefon. Da ich zufällig in der Nähe war, bediente ich es und wurde damit – unvermutet – zur Mitwisserin von Geschäftsbeziehungen, die die Jungen mit verschiedenen Print- und Showmedien unterhielten. Es ging um Absprachen für Drehs und Interviews, wer anwesend sein sollte, weil er der Rolle als radikaler, gewalttätiger und ausländerfeindlicher Skin darstellerisch am besten gerecht wurde, wer für Interviews zur Verfügung stand und welche finanziellen Zuwendungen als Entgelt für die Bemühungen zu erwarten waren. Die geschäftliche Seite dieses rechten Jugendtreffs wäre mir ohne diesen Zufall völlig verborgen geblieben. Sie war auch den Mädchen im Haus unbekannt.

Diese Geschäfte waren Männersache. Sie wurden ernst genommen: Im Outfit gestylt bereiteten sie sich auf ihren Auftritt vor und entwickelten mit der Zeit sogar eine gewisse Routine als Selbstdarsteller, die so überzeugend war, dass sich für mich die Grenzen zwischen echten und gespielten Überzeugungen eine Zeit lang verwischten, bis ich – nach einem brutalen Überfall auf einen Vietnamesen – wieder in die Realität zurückgeholt wurde. Ich konnte beobachten, dass sich für diese Jugendlichen echte Überzeugungen und der Spaß an einer mediengerechten und zu vermarktenden Selbstdarstellung nicht ausschlossen. Im Gegenteil, sie waren Teil ihrer politischen Strategie, sich ins Gespräch zu bringen und Aufmerksamkeit – wenn auch negative – zu erregen sowie das Interesse der Medien propagandistisch und gleichzeitig mit materiellem Gewinn zu nutzen. Dumm waren sie nicht, obgleich die meisten keinen Hauptschulabschluss hatten. Gerissenheit und Kompetenz im Einsetzen und Ausnützen ihrer Möglichkeiten konnte man ihnen nicht absprechen.

Die Jugendlichen verfügten auch über Fähigkeiten, mit denen sie durchaus etwas Konstruktives auf die Beine stellen konnten. Bei der Renovierung des Jugendhauses arbeiteten sie mit Fleiß und Einsatz an einer Wand, die zuerst minutiös gespachtelt, dann geweißelt wurde. Sie stellten eine perfekte, professionelle Malerarbeit her, auf die sie zu Recht sehr stolz waren. Diese Wand – undenkbar in einem linken Jugendhaus – prangte makellos über Wochen und Monate ohne ein Poster, eine Aufschrift, Zeichnungen, Bilder oder Mitteilungen. Sie schien symbolischer Ausdruck ihres Wunsches nach Perfektion zu sein und blieb unangetastet als sei sie ein Heiligtum.

Diese Beobachtung warf für mich viele Fragen auf: Repräsentierte die Wand ihre Ideale von Perfektion, Vollkommenheit, Schönheit, Reinheit, Makellosigkeit, Unberührtheit? Wieso blieb sie auch dann unangetastet, wenn sie nach 18 Uhr nach einem Besuch bei der nahe gelegenen Würstchenbude alle angetrunken waren und Streitigkeiten untereinander mit erheblichen Selbstbeschädigungen – nach einem Faustschlag durch eine Tür war einer der Jugendlichen blutüberströmt – nicht ausblieben? Ihre Ehre und ihr Selbstbewusstsein wurden durch diese Wand repräsentiert, auf die sie so stolz waren, die sie aber auch nicht kreativ nutzen konnten. Sie symbolisierte das Gegenteil des Chaotischen und Schmutzigen: die Ideale von Perfektion und Makellosigkeit, die, wenn auch pervertiert, mitunter in ihren schmutzigsten Gewalttaten und Phantasien zum Ausdruck kamen, wenn sie Reden von einer »ausländerfreien, ausländer*reinen*« Zone schwangen und über eine Wunschwelt phantasierten, in der alles Störende perfekt eliminiert war. Sie machten sich destruktive Vorstellungen von einer »reinen, absoluten und endgültigen Säuberung« oder »Lösung«, wie sie es nannten, die bekanntlich auch junge Terroristen anderer Couleur beflügelt.

Hätten diese Jugendlichen »ooch bei de Linken landen« können? Es ist undenkbar, dass so eine perfekte Arbeit in Eigenregie von linken Jugendlichen geleistet und dann nach Fertigstellung nicht positiv oder negativ, in jedem Fall aber kreativ, genutzt worden wäre.

Warum war ihre Kreativität so wenig ausgeprägt oder warum bremsten sie sich selbst aus? Fragen über Fragen, die nur sie beantworten konnten. Konnte man mit ihnen reden? Oder war es besser zu schweigen und einfach nur zuzuhören? Oder alles zu seiner Zeit?

Politischer Radikalismus und Extremismus

»Wer hier etwas gegen meinen Großvater sagt, den bringe ich um.« So fundamentalistisch äußerte sich ein rechtsradikaler Jugendlicher einem Sozialarbeiter und mir gegenüber, weil wir vermeintlich negativ über seinen Großvater gesprochen hatten. Seine Beurteilung ließ keine andere Sicht der Dinge zu.

Ist dies ein entscheidendes Charakteristikum von Radikalität? Keine andere Meinung zuzulassen? Wovon genau sprechen wir, wenn von Radikalismus und Extremismus die Rede ist?

Der Begriff »Radikalismus« leitet sich vom lateinischen »radix« (Wurzel) ab und bezeichnet Überzeugungen und Einstellungen, die rücksichtslose und gewaltsame gesellschaftspolitische Handlungen rechtfertigen. Ob es sich dabei um religiöse, politische, philosophische, psychologische oder soziologische Überzeugungen handelt, ist offen, da radikale Einstellungen verschiedene Inhalte haben können. Für die Person, die sich damit identifiziert, haben sie einen existenziellen und fundamentalen Charakter. Sie bestimmen nicht nur die Selbst- und Fremdbilder, sondern auch das Verhalten sich selbst und anderen gegenüber.

Was als radikal gilt oder als solches empfunden wird, ist einem ständigen gesellschaftlichen Wandel unterworfen. Während im 19. Jahrhundert schon das Bestehen auf liberalen Freiheitsrechten oder auf ein allgemeines Wahlrecht, auch für Frauen, aus der Perspektive einer konservativ orientierten Gesellschaft als radikal empfunden wurde, sind diese Rechte heute in demokratischen Gesellschaften eine Selbstverständlichkeit. Dieses Beispiel zeigt, dass als radikal empfundene Forderungen nicht generell destruktiv sind, sondern auch positive und konstruktive Wertvorstellungen sowie allgemein gültige und unverzichtbare Menschenrechte beinhalten können. Radikal heißt, bislang Gewohntes und Überliefertes infrage zu stellen, nicht nur bei anderen, sondern auch bei sich selbst. Es heißt auch, neue kritische, auch selbstkritische Überlegungen zuzulassen, Meinungen und Überzeugungen, eigene wie fremde, vielleicht sogar grundsätzlich zu hinterfragen.

Problematisch werden radikale Einstellungen erst, wenn sie gesicherte Tatsachen infrage stellen und Realitäten nicht zur Kenntnis nehmen, wenn sie Illusionen und Phantasien nähren und unterstützen und damit auf der Flucht vor der Wirklichkeit sind. Ausgesprochen gefährlich werden sie, wenn die Mittel zur Erreichung bestimmter Ziele radikal sind, das heißt, wenn diese Mittel ohne Rücksicht auf Verluste eingesetzt werden oder wenn nicht bedacht wird, in welchem Verhältnis das zu erreichende Ziel zu dem Preis steht, der dafür in Gestalt materieller und seelischer Zerstörungen gezahlt werden muss. Eine besonders negative Erfahrung mit politischem Radikalismus haben die Deutschen mit der politischen Führung des Nationalsozialismus gemacht. Dies wird jedoch von rechtsradikalen Jugendlichen und häufig auch von ihren Großeltern, die in der NS-Zeit gelebt haben, verleugnet. Stattdessen werden die unrealistischen Größenideen der Nazis von einem nationalsozialistisch beherrschten Weltreich und von ökonomischer Autarkie sowie die absurde Ideologie von Rasse und Rassenreinheit und die Brutalität der Mittel, die keine Opfer, auch nicht die eigenen, scheute, verherrlicht und idealisiert. Selbst die totale Niederlage von 1945 wird im Rückblick zu einer ehrenvollen stilisiert als – so wörtlich – eine »Niederlage gegen eine Welt von Feinden«. Als radikal galten aber in den 1960er Jahren für die Bevölkerungsmehrheit in Deutschland und die im Bundestag vertretenen Parteien auch linke, marxistische Gruppen, da sie den Bestand der Bundesrepublik Deutschland und ihre Einbindung in die NATO infrage stellten. Inzwischen verwendet der Verfassungsschutz seit 1973 den Begriff für alle als verfassungsfeindlich angesehenen politischen Gruppierungen.

Der Begriff »Extremismus« leitet sich aus dem Lateinischen »extremus« (äußerster, letzter) ab und bezeichnet äußerste Positionen, gemessen am durchschnittlichen politischen Spektrum und an einem allgemein üblichen relativierenden Demokratieverständnis. In der Wissenschaft werden politische Programme und Ideologien als extrem bezeichnet, die sich nach einer Definition des Politikwissenschaftlers und stellvertretenden Direktors des Hannah-Arendt-Instituts in Dresden, Uwe Backes, und des Professors für politische Systeme in Chemnitz, Eckhard Jesse[1], gegen grundlegende Werte und Verfahrensregeln unserer Verfassung und unseres Staates richten. Nach dieser Definition erkennen Rechtsextremisten fundamentale Grundsätze unserer Verfassung wie die Würde eines jeden Menschen, gleich welcher Nationalität, welchen Geschlechts, welcher Hautfarbe oder Religion, nicht an, während Linksextremisten nicht selten eine radikale Egalität fordern, die die Freiheit des Einzelnen einschränkt. Der Begriff »Extremismus« stammt aus den Totalitarismus-Theorien der politischen Philosophin und Publizistin Hannah Arendt[2] und wird aktuell von politischen Parteien und dem Verfassungsschutz angewandt, um Einstellungen von Einzelnen oder Gruppen zu beschreiben, die die demokratische Verfassung der Bundesrepublik Deutschland fundamental ablehnen. Er bezeichnet zudem eine negative Abweichung von dem, was als gesellschaftliche und politische Norm nicht nur definiert, sondern auch praktiziert wird. Dabei werden unter Links- und Rechtsextremismus äußerst unterschiedliche politische Richtungen erfasst: Der Linksextremismus sieht seinen Hauptgegner in der kapitalistischen Wirtschaftsordnung und den Folgen der Globalisierung, der Rechtextremismus in den von der Charta der Vereinten Nationen geforderten gleichen Rechten für alle Menschen ungeachtet ihrer Herkunft, Nationalität, Hautfarbe und Religion. Als extrem wird auch der islamische religiöse Fundamentalismus eingestuft, soweit er gewaltsam die politischen und gesellschaftlichen Strukturen demokratisch verfasster Gesellschaften bekämpft.

Beide Begriffe – Radikalismus und Extremismus – sollten nicht unkritisch verwendet werden, denn die Macht zu definieren, was als radikal und extrem gilt, liegt unter anderem bei gesellschaftlichen und staatlichen Institutionen, die damit gruppenspezifische politische Interessen verbinden. Ein weiteres Problem ist, dass bei der begrifflichen Zuordnung oft nicht zwischen den Inhalten und Zielsetzungen der einzelnen, zum Teil sehr unterschiedlichen Gruppen differenziert wird, wie Wolfgang Wippermann, Professor für Neuere Geschichte an der Freien Universität Berlin, 2000[3] kritisch angemerkt hat.

Wenn extremistische Überzeugungen die Grundlage für Handlungen sind, weil Worte nicht die Macht und Überzeugungskraft haben, durchzusetzen, was man erreichen will, ist Terror das Ergebnis.

Nach Herfried Münkler, der an der Humboldt-Universität in Berlin einen Lehrstuhl für Theorie der Politik am Institut für Sozialwissenschaften innehat, geht es bei terroristischer Gewaltanwendung stärker um den psychischen als um den physischen Aspekt.[4] Nicht die körperliche Verletzung ist das Hauptziel, sondern die spektakuläre Besetzung des öffentlichen Raums, der zu einem Ort der Bedrohung und der Angst wird. Gewalttaten finden im öffentlichen Raum statt und die Täter nutzen geschickt den Sensationshunger bestimmter Medien und ihrer Leser, um sich übermäßige Aufmerksamkeit zu verschaffen. Diese Aufmerksamkeit würde einer meist relativ kleinen und zahlenmäßig unbedeutenden Gruppe sonst nicht zuteil. Die Täter greifen auf unbewusste Kindheitsmuster zurück, sich durch provozierende Aktionen Aufmerksamkeit und Zuwendung zu holen. Ein weiterer Effekt ist die gezielte Verbreitung von Furcht und Schrecken und die zunehmende Einschüchterung zunächst noch größtenteils relativ Unbeteiligter. Das erwünschte Ziel – und es wird nicht selten erreicht – ist deren Rückzug aus dem öffentlichen Raum, der damit für die Terroristen und ihre Anhänger frei bleibt. Das Hauptziel aber ist, strategisch und meist über einen längeren Zeitraum, mittels Gewalt etwas zu erzwingen, was auf legalem Weg gar nicht oder nur in mühsamen kleinen Schritten erreichbar ist. So soll Ohnmacht in Macht verwandelt werden. Rechtsradikale verüben ihre terroristischen Akte vor allem innerhalb der Landesgrenzen. Mit ihrer immer stärker werdenden internationalen Vernetzung, insbesondere was die Herstellung von Propagandamaterial anbetrifft, überschreiten sie aber diese Grenzen. Sie beziehen ihr Material für den Kampf – Printerzeugnisse, Videos, CDs und DVDs – aufgrund nationaler Verbote von gleich gesinnten Kameradschaften im Ausland, die ihrerseits nicht nur materiell, sondern auch ideologisch und strategisch davon profitieren. Der Angriff zielt international – und darin sind sich Rechtsradikale weltweit einig – auf demokratische Verfassungen und rechtsstaatlich garantierte Menschenrechte, auf die Prinzipien der Gleichheit, Solidarität und gegenseitigen Anerkennung. »Die sollen hingehen, wo sie hergekommen sind …«, so ein gängiger Ausspruch rechtsradikaler Jugendlicher über längst eingebürgerte, aber der familiären Herkunft nach ausländische Deutsche.

Politisch motivierte Kriminalität

Der Begriff »Politisch motivierte Kriminalität« wurde auf Beschluss der ständigen Konferenz der Innenminister und -senatoren zum 1. Januar 2001 eingeführt und definiert Taten, deren Umstände, darunter auch die Einstellung des Täters, darauf schließen lassen, dass das Opfer wegen seiner politischen Einstellung, Nationalität, Volkszugehörigkeit, Rasse, Hautfarbe, Religion, Weltanschauung, Herkunft, sexuellen Orientierung, Behinderung, wegen seiner äußeren Erscheinung oder seines gesellschaftlichen Status angegriffen wurde. Nach dieser Definition wurden aufgrund der Erkenntnisse des Bundesnachrichtendienstes im Jahr 2006 29 050 (2005: 26 401) Straftaten registriert, darunter 16 593 (57 %) Propaganda- und 2522 (8,7 %) Gewaltdelikte. Einen weiteren Anstieg rechter Straftaten im Jahr 2006 von über 11 % mehr als im Vorjahr und eine Zunahme der Brutalität, gemessen an der Zahl der Verletzten, verzeichnet das Bundeskriminalamt. Die rechte politische Kriminalität überwiegt eindeutig gegenüber der linken (das Verhältnis ist ca. 7:1). Neben Propagandadelikten, Volksverhetzung, Sachbeschädigung, Bedrohung und Störung der Totenruhe sind nach den Angaben des BKA Gewaltdelikte wie Körperverletzung, Widerstand, Brandstiftung und Raub wegen ihrer Folgen besonders gravierend. Die Gewalttaten richten sich überwiegend gegen vermeintliche oder tatsächliche Fremde/Ausländer und Linke, weniger gegen andere politische Gegner und Juden, obgleich der Antisemitismus in der Propaganda einen breiten Raum einnimmt.

Abb. 1: Rechte Gewaltdelikte von 2001 bis 2005

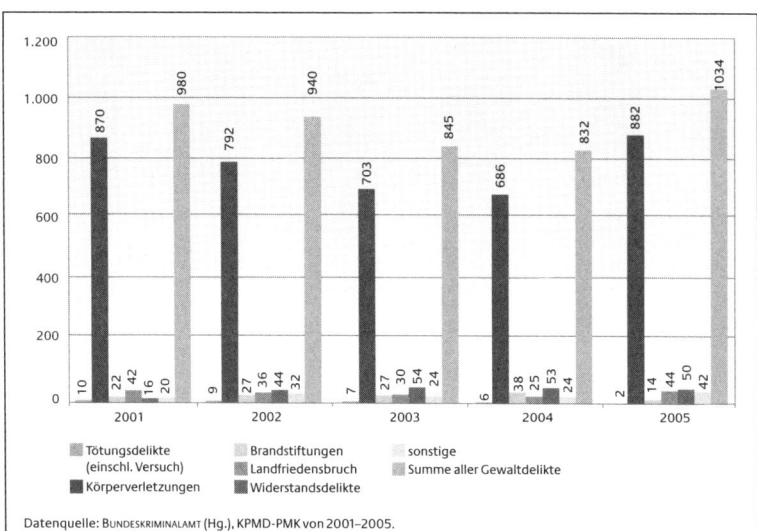

Datenquelle: BUNDESKRIMINALAMT (Hg.), KPMD-PMK von 2001–2005.

19

Abb. 2: Rechte Gewaltdelikte mit fremdenfeindlichem Hintergrund von 2001 bis 2005

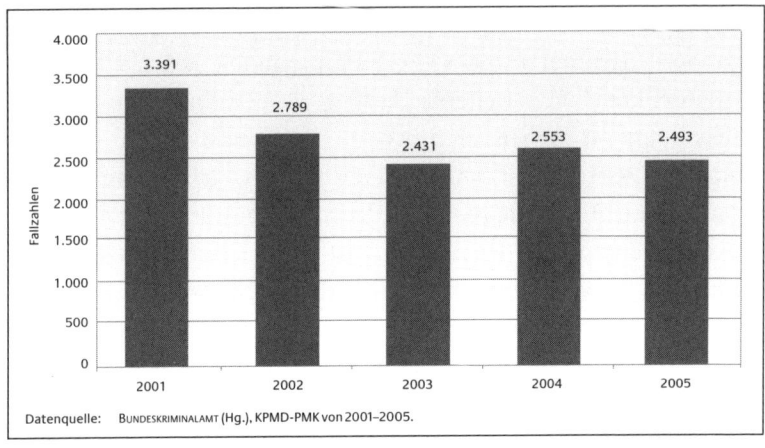

Datenquelle: Bundeskriminalamt (Hg.), KPMD-PMK von 2001–2005.

Abb. 3: Rechte Gewaltdelikte mit antisemitischem Hintergrund von 2001 bis 2005

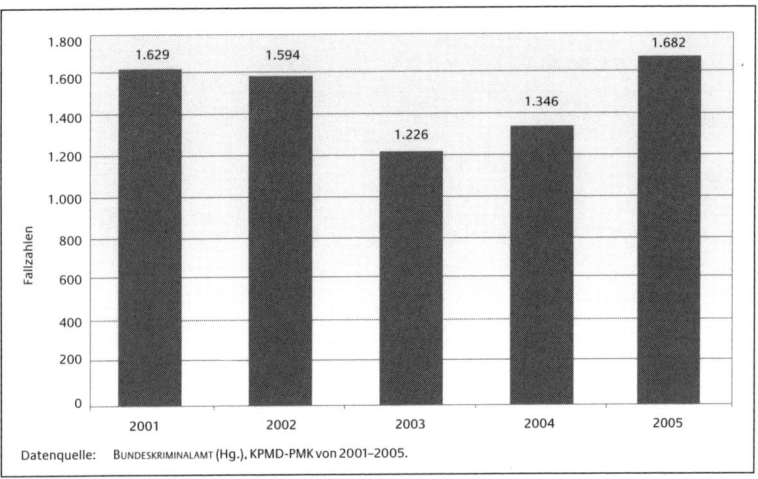

Datenquelle: Bundeskriminalamt (Hg.), KPMD-PMK von 2001–2005.

Als Täter kommen subkulturelle Gruppen, vor allem Skinheads infrage, die durch ein martialisches, einschüchterndes Auftreten, eine aggressive Musik und einen exzessiven Alkoholkonsum eine

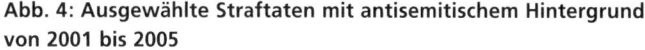

Abb. 4: Ausgewählte Straftaten mit antisemitischem Hintergrund von 2001 bis 2005

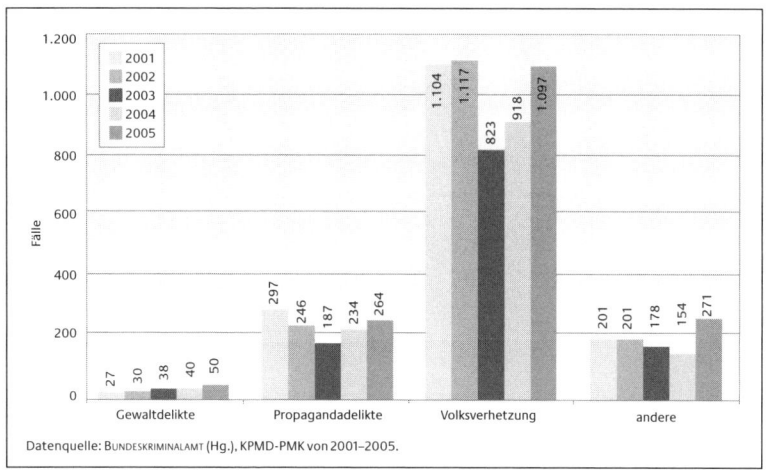

Datenquelle: BUNDESKRIMINALAMT (Hg.), KPMD-PMK von 2001–2005.

hohe Gewaltbereitschaft aufweisen, obwohl sie relativ schwach organisiert sind. Sie unterscheiden sich deutlich von Neonazigruppen, die in Kameradschaften organisiert sind und eine relativ feste Struktur aufweisen. Im Allgemeinen werden politisch motivierte rechtsextremistische Straftaten von jugendlichen und heranwachsenden Skinheads und Neonazis begangen, während die Parteien strafbares Handeln eher vermeiden, die Gewalt aber mental durch Agitation und Kampagnen gegen Einwanderung und Asyl, gegen Holocaust-Gedenken, Kriegsschuld, Vergangenheitsbewältigung, gegen Demokratie und gegen jüdische deutsche Bürger initiieren, unterstützen und rechtfertigen.

Gemessen an seiner Einwohnerzahl steht Sachsen-Anhalt mit der Anzahl der politisch motivierten Gewalttaten an erster Stelle, gefolgt von Brandenburg, Berlin, Thüringen, Schleswig-Holstein und Sachsen. An letzter Stelle steht Bremen. Die Übersicht zeigt auch, dass im Jahresvergleich erhebliche Unterschiede in den einzelnen Bundesländern zu beobachten sind.

21

Abb. 5: Gewalttaten mit rechtsextremistischem Hintergrund
je 100 000 Einwohner in den Ländern Quelle: Verfassungsschutzbericht 2006, S. 32

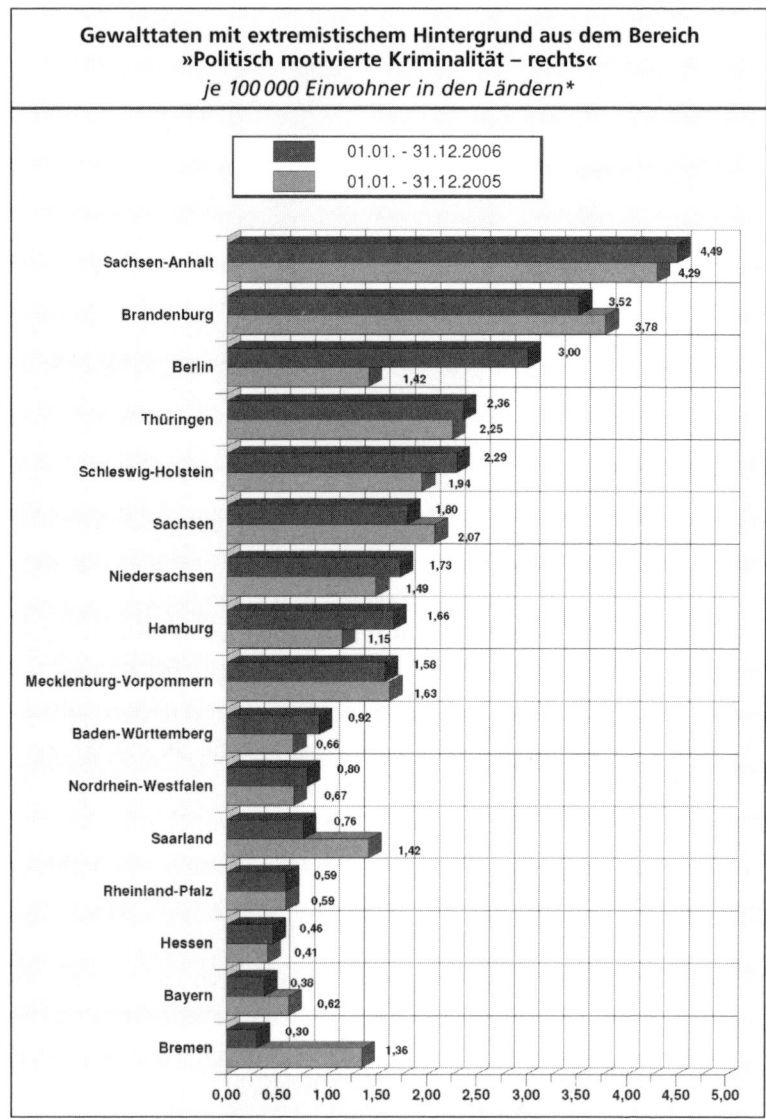

**Gewalttaten mit extremistischem Hintergrund aus dem Bereich
»Politisch motivierte Kriminalität – rechts«**
je 100 000 Einwohner in den Ländern*

01.01. - 31.12.2006
01.01. - 31.12.2005

Land	2006	2005
Sachsen-Anhalt	4,49	4,29
Brandenburg	3,52	3,78
Berlin	3,00	1,42
Thüringen	2,36	2,25
Schleswig-Holstein	2,29	1,94
Sachsen	1,80	2,07
Niedersachsen	1,73	1,49
Hamburg	1,66	1,15
Mecklenburg-Vorpommern	1,58	1,63
Baden-Württemberg	0,92	0,66
Nordrhein-Westfalen	0,80	0,67
Saarland	0,76	1,42
Rheinland-Pfalz	0,59	0,59
Hessen	0,46	0,41
Bayern	0,38	0,62
Bremen	0,30	1,36

0,00 0,50 1,00 1,50 2,00 2,50 3,00 3,50 4,00 4,50 5,00

* Die Zahlen basieren auf Angaben des Bundeskriminalamtes (BKA) und
des Statistischen Bundesamtes zu den Einwohnerzahlen der Länder (Stichtag: 31.12.2005).

Der Soziologe Helmut Willems war von 1996–2000 Leiter der Forschungsabteilung »Jugend und Politik« am Deutschen Jugendinstitut in München und ist seit 2003 Privatdozent an der Universität Trier. In seiner Studie von 1993[5] unterschied er unter den jugendlichen Tätern zwischen ideologisch-motivierten, rechtsextremistischen Jugendlichen, ausländerfeindlichen, einer Subkultur angehörigen Jugendlichen, kriminellen Jugendlichen und sehr stark gruppenorientierten Mitläufern. Propagandatäter seien dagegen in der Regel deutlich älter, gehörten meist rechtsextremistischen Parteien an und seien oft Wiederholungstäter.

Was sind die Ursachen dieser Gewalt?

Wie der Professor für Sozialisation an der Universität Bielefeld und seit 1996 Leiter des Instituts für interdisziplinäre Konflikt- und Gewaltforschung, Wilhelm Heitmeyer, festgestellt hat,[6] wirken strukturelle und individuelle Bedingungen zusammen. Da es sich bei Gewalt immer um ein interaktives Beziehungsgeschehen handelt, sind sowohl beide Seiten als auch zusätzlich situative Momente zu berücksichtigen. Gewaltbereitschaft wird nicht nur sozial erlernt, sondern häufig auch sozial gebilligt. Subjektiv verschafft das gewalttätige Handeln ein Gefühl der Überlegenheit und hilft, Ohnmacht und ein Gefühl der Unterlegenheit zu überwinden. Dieses Gefühl der Unterlegenheit wird intensiviert in einer Umgebung, in der nur rationale intellektuelle Argumente zählen und keine Möglichkeit besteht, innere affektive Spannungen abzubauen. Es wird verstärkt durch feindselige Abgrenzungen und scheinbar eindeutige Freund/Feind- und Täter/Opfer-Zuschreibungen und Vorurteile. Die Langzeitergebnisse seiner Untersuchungen stellt Heitmeyer jedes Jahr erneut unter dem Titel *Deutsche Zustände*[7] vor. Die fortlaufenden Erhebungen zeigen, dass Angst, Orientierungslosigkeit, Ohnmachtsgefühle sowie Desintegrations- und Abstiegsängste einen erheblichen Einfluss auf die Anfälligkeit für rechtsextreme politische Propaganda haben. Im Zeitalter der Globalisierung sind davon alle ehemals politisch und ökonomisch überlegenen Industriestaaten betroffen. Insofern ist es auch nicht verwunderlich, dass es international leicht zu einer Vernetzung kommen kann. Die europäische Stelle zur Beobachtung von Rassismus und Fremdenfeindlichkeit (EUMC) hat 2006 einen Anstieg fremdenfeindlicher und rassistischer Kriminalität auch in Dänemark, Frankreich, Irland, Polen, der Slowakischen Republik, Finnland und Großbritannien beobachtet, einen Rückgang hingegen in Österreich, der Tschechischen Republik und Schweden. Gemeinsam ist dem politischen Extremismus überall, dass er gesellschaftliche Konfliktfelder und -themen aufspürt und diese Themen für die eigenen Zwecke instrumentalisiert. Er ist deshalb auch keineswegs ernsthaft an deren Behebung, sondern vielmehr an einer Verschärfung der Situation und emotionalen Eskalation interessiert.

Rechtsradikale in Deutschland: eine Bestandsaufnahme

Nach der 2007 veröffentlichten Langzeit-Untersuchung *Deutsche Zustände – Folge 5* von Wilhelm Heitmeyer hat die Fremdenfeindlichkeit in Deutschland in den vergangenen Jahren kontinuierlich zugenommen. In einem Zwischenbericht heißt es, dass fast jeder zweite Deutsche (48,5 %) fremdenfeindlich sei mit deutlichen Unterschieden zwischen den neuen und den alten Bundesländern. So fand sich ausgeprägte Fremdenfeindlichkeit bei 60,2 % der Ostdeutschen und bei 45,9 % der Westdeutschen. Am höchsten lagen die Quoten im Osten in Sachen-Anhalt (45 %) und in Mecklenburg-Vorpommern (63,7 %) und im Westen im Saarland (54,2 %).

Die Messung der Zustimmung zu fremdenfeindlichen Aussagen auf einer Skala von 1 bis 4 zwischen »überhaupt nicht« (1), »eher nicht« (2), »eher« (3) und »voll und ganz« (4) ergab in den verschiedenen Bundesländern folgende Werte:

Abb. 6: Zustimmung zu fremdenfeindlichen Aussagen nach Bundesländern auf einer Skala von 1 bis 4

Quelle: Heitmeyer, Wilhelm, Deutsche Zustände. Folge 5. Frankfurt/M: Suhrkamp 2007, S. 107

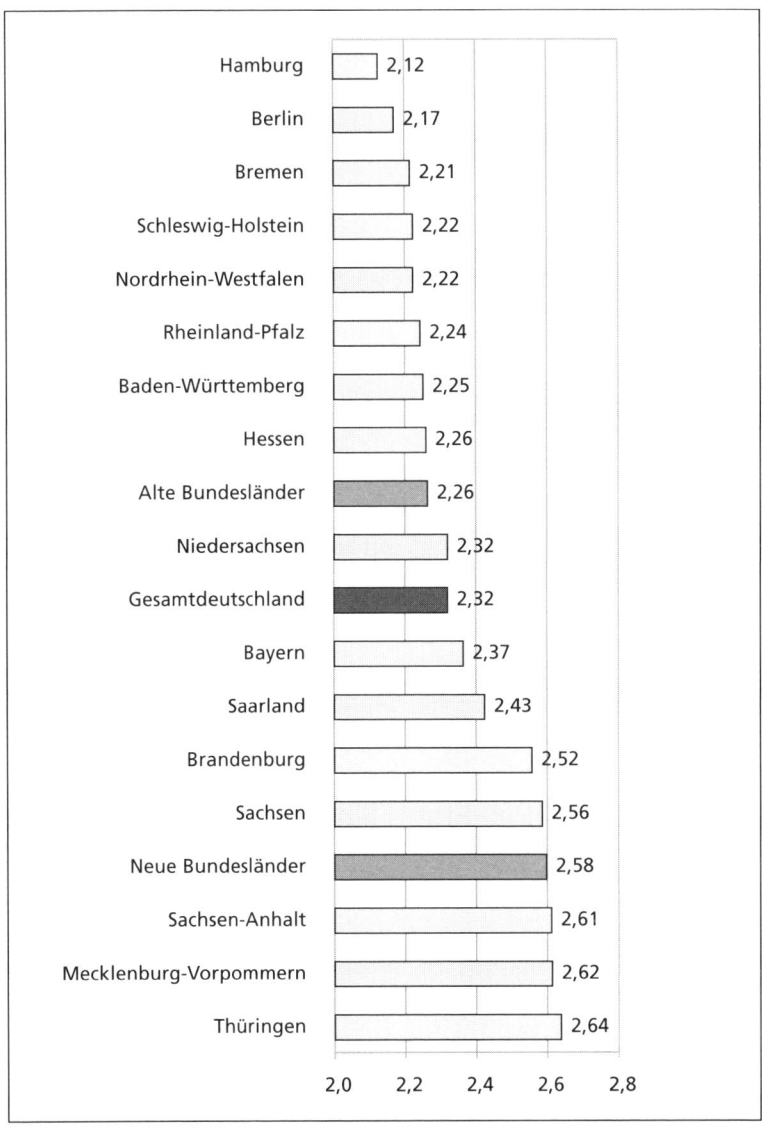

Aufgrund ihrer ideologischen Gemeinsamkeiten schließen die verschiedenen rechtsradikalen Gruppierungen in Deutschland international Netzwerke, durch die sie bestimmte nationale Verbote umgehen. Ihr im Ausland bestelltes Propagandamaterial enthält Geschichtsfälschungen (die so genannte »Auschwitzlüge«). Videos und Musik rufen zum Kampf gegen Ausländer, Homosexuelle, Juden, andere »Rassen« und politische Gegner auf.

Gemeinsam ist den rechtsradikalen Gruppierungen in Deutschland:
- die *Betonung hierarchischer Strukturen* nach dem Führerprinzip. Dies hat eine Machtkonzentration zur Folge, engt soziale und politische Handlungsspielräume auf Befehl und Gehorsam ein und hebt damit auch die individuelle Verantwortung auf. Das Führerprinzip kann durch eine Person oder eine Institution verkörpert werden.
- der *Aufbau von Feindbildern* nach dem Sündenbockmuster. Bestimmte Gruppen werden für Probleme in der Gesellschaft oder der Eigengruppe verantwortlich gemacht, schuldig gesprochen, verfolgt, ausgegrenzt und benutzt, um einen Gruppenzusammenhalt nach dem Motto: »Wir gegen die Anderen« herzustellen.
- ein *größenwahnsinniger Nationalismus,* der die eigene Nation idealisiert und andere Nationen entwertet, um das nationale Selbstwertgefühl zu stabilisieren. Rechtsradikaler Nationalismus ist in Deutschland meist mit einer Idealisierung des Nationalsozialismus verknüpft. Dessen destruktive Strukturen werden verleugnet, da die Anerkennung und Akzeptanz dieser Realität zwangsläufig ein kritisches nationales Selbstverständnis erfordert. Die Verleugnung ist ein Hinweis auf eine offene Wunde, die nicht in das nationale Selbstbild passt und bislang nicht erfolgreich behandelt, das heißt psychosozial bearbeitet und integriert wurde.
- der *Rassismus,* der äußere Merkmale mit negativen Charaktereigenschaften verbindet und die eigene »Rasse« auf Kosten der

fremden idealisiert. Die Ideologie der biologisch bedingten Ungleichwertigkeit der Menschen wird verknüpft mit Zuschreibungen moralischer, intellektueller oder sozialer Über- oder Unterlegenheit.

- der *Antisemitismus*. Er wird ideologisch mit antikapitalistischen, antiglobalen, antiintellektuellen und antiindividualistischen Feindbildern und darauf aufbauenden Verschwörungstheorien begründet.
- der *Militarismus*, der sich aus der ideologischen Struktur der Feindbilder ergibt. Dem Militarismus entspricht ein paranoides Weltbild, von Feinden umgeben zu sein, die uniformiert und somit leicht an oberflächlichen äußeren Merkmalen zu identifizieren sind, die zu verachten und gleichzeitig zu fürchten und deshalb anzugreifen und zu bekämpfen sind.
- eine *Intoleranz*, die kritische Fragen nicht zulässt, offene Diskussionen vermeidet, den politischen Gegner und seine Meinung nicht gelten lässt und Unsicherheit und Zweifel ausschließt.
- eine *generelle Gewaltbereitschaft*, die die Entwertung und Ausgrenzung bis hin zur Vernichtung des Anderen beinhaltet. Sie wird ideologisch gerechtfertigt. Die Prinzipien gegenseitiger Anerkennung und gleicher Rechte gelten nur für die eigene Gruppe, und auch dort nur eingeschränkt.

In der Konsequenz wenden Rechtsradikale Gewalt in Form von Diskriminierung, Körperverletzung, Totschlag oder Mord ohne Scham- und Schuldgefühle und entsprechend auch ohne Wiedergutmachungsbestrebungen an. Das Opfer ist schuld und wird zum Sündenbock gemacht. Es befindet sich zufällig zur falschen Zeit am falschen Ort, ist auswechselbar, soweit es in das uniformierte Feindbild passt, und meist so offensichtlich unterlegen, dass mit einem ernst zu nehmenden Gegenangriff und der eigenen Niederlage nicht zu rechnen ist. Dies ist wichtig, da Niederlagen nicht verarbeitet werden können.

Warum übt die rechtsradikale Ideologie besonders auf Männer, in geringerem Maß aber auch auf Frauen, weltweit eine solche Anziehungskraft aus? Ganz zweifellos berührt sie die Jugendlichen emotional, nicht rational; sie weckt, bestätigt und verstärkt Affekte. Die rechtsradikale Ideologie ist ein Gegenentwurf zu den Idealen der Aufklärung, zur Forderung nach Gleichheit und Solidarität. Sie ist das Gegenstück zum Recht auf freie Entfaltung und zur Rationalität. Stattdessen fordert und fördert sie den Glauben an die naturbedingte Ungleichheit der Menschen, an die Minderwertigkeit bestimmter Gruppen und die Akzeptanz von Gewalt als Mittel zur Lösung von Konflikten. Sie ist rationalen Argumenten nicht zugänglich. Dass davon auch Mädchen nicht frei sind, zeigt die Esslinger Pilotstudie der Pädagogikstudentin Susanne Reusch, die 22 Mädchen im Großraum Stuttgart interviewte. Während sie in der Gruppe mit den Jungen eher traditionelle Rollen einnahmen, übertrafen sie die Jungen oft an ausländerfeindlichen Äußerungen. Sie begründeten dies traditionell aus ihrer Herkunftsfamilie und mit Vorurteilen gegenüber einer »sexuellen Anmache« durch ausländische Männer.[8]

Die Ideologie der Ungleichheit wird biologisch oder sozialdarwinistisch, nationalistisch oder völkisch, rassistisch und eugenisch begründet, in jedem Fall bildet sie die Grundlage für eine Aufwertung der eigenen Gruppe und eine Entwertung der Fremdgruppe.

Beispiele aus den vergangenen Jahren zeigen das breite Spektrum rechtsradikaler Gewalt hierzulande:

- Im Oktober 1991 zündeten drei Skinheads in Hünxe mit einem Molotow-Cocktail ein Asylbewerberheim an. Zwei libanesische Mädchen erlitten schwerste Brandverletzungen.
- An Pfingsten starben 1993 in Solingen fünf türkische Frauen und Mädchen infolge eines Brandanschlags.
- Im März 1994 wurde in Lübeck die Synagoge mit einem Molotow-Cocktail in Brand gesetzt.

- Im Juli 1996 warfen drei rechtsgerichtete Jugendliche in Düsseldorf einen Brandsatz auf ein Aussiedlerheim. Die 23 Bewohner mussten sich durch die Fenster in Sicherheit bringen.
- Im April 2000 schleuderten in Erfurt Rechtsradikale Brandsätze gegen die Synagoge. Ihr Bekennerschreiben war mit »Heil Hitler« unterzeichnet.
- Am 3. März 2005 griffen sieben Neonazis zwei Punks in Suhl/Thüringen an und schlugen sie nieder.
- Am 11. März 2005 verprügelten rechtsradikale Täter in Arnstadt/Thüringen einen Südafrikaner indischer Abstammung.
- Am 30. März 2005 wurde nach mehreren erfolglosen Anschlägen der Döner-Imbiss eines türkischen Besitzers in Rheinsberg restlos niedergebrannt.
- In der Nacht zum 19. Juni 2005 pöbelten 13 rechte Jugendliche in München einen 20-jährigen Iraker und seine schwangere Begleiterin an und schlugen sie.
- Am 24. März 2006 überfielen und verletzten Jugendliche einen 27-Jährigen aus der linken Szene in Neuruppin/Brandenburg mit einem Baseballschläger.
- Am 8. März 2006 legten rechtsradikale Täter einen Schweinskopf mit einem Davidstern vor das jüdische Restaurant »Schalom« in Chemnitz/Sachsen.
- Am 22. März 2006 beschmierten Unbekannte den jüdischen Friedhof in Obernkirchen/Niedersachsen mit faschistischen Symbolen.
- Am 25. Mai 2006 wurde ein 31-jähriger Mann libanesischer Herkunft von einer Gruppe von neun Männern in Berlin-Kreuzberg rassistisch beleidigt und mit einer Flasche beworfen.
- Im Juni 2006 verbrannten Jugendliche in Pretzien/Sachsen-Anhalt das *Tagebuch* der Anne Frank.
- Laut der *Tageszeitung* vom 10.05.2007 wurde zum wiederholten Mal die Gedenkstelle am Standort der Synagoge an der Levetzostraße in Berlin mit einem Hakenkreuz beschmiert.

- Am Wochenende des 2./3. Juni 2007 überfielen in Halberstadt mindestens acht Rechtsradikale fünf Mitglieder eines Theaterensembles und verletzten sie schwer. Die hinzugerufene Polizei ließ die Täter zunächst laufen; sie wurden erst nach öffentlichen Protesten festgenommen.

Die Beispiele ließen sich weiter fortsetzen: Ich erinnere an die massiven und lebensbedrohenden Anschläge auf Asylbewerber und Ausländer in Rostock-Lichtenhagen 1992. Sie zeigen das breite Spektrum der Gewalt und die Hinterhältigkeit der Angriffe auf die in der Regel unvorbereiteten und deshalb ungeschützten und hilflosen Opfer. Der Schaden, den die Täter mit ihren kriminellen Handlungen anrichten, ist groß. Es leidet nicht nur das Ansehen der Bundesrepublik in der Welt in Erinnerung an die Verbrechen der Nazis, sondern die Gesellschaft muss auch materiell für die Folgekosten aufkommen. Zudem stehen internationale Firmen dem Wirtschaftsstandort Deutschland kritisch gegenüber. Dennoch finden rechtsradikale Jugendliche nicht selten moralische Unterstützung in ihrer Familie, ihrem Freundeskreis, ihren Gemeinden und damit in Teilen der Gesellschaft. Sie sind keineswegs überall die Außenseiter, zu denen man sie aus politischen Gründen gern stempeln möchte.

Auch wenn, was oft übersehen wird, Rechtsradikalismus heute keineswegs nur ein deutsches Phänomen und auch nicht nur ein Relikt aus der NS-Zeit, sondern international in allen hoch industrialisierten demokratischen Gesellschaften zu beobachten ist, ist der Schoß, aus dem er hierzulande wächst, fruchtbar genug, um Anlass zu sein für Fragen nach den spezifisch deutschen, historischen und vor allem aktuellen Ursachen.

Statistisch gesehen befinden sich unter den Gruppen und Parteien, die politisch zu dem rechtsradikalen Flügel gezählt werden:
- Ehemalige Funktionsträger der Nazis, so genannte *Alt-Nazis*, die die NS-Zeit idealisieren und die NS-Verbrechen verleugnen

- *Neonazis* der Nachkriegsgeneration, die sich offen zur nationalsozialistischen Weltanschauung bekennen
- *Neue Rechte*, die sich explizit von der erfolglosen NS-Vergangenheit distanzieren, aber intellektuell eine rechte Ideologie vertreten
- *Militante Rechte*, die das demokratische System generell ablehnen und sich durch Wehrsportübungen und tätliche Angriffe profilieren
- *Rechtspopulisten*, die – am eigenen Vorteil interessiert – Vorurteile unterstützen
- *Revisionisten* (sie finden sich in allen Gruppen), die Geschichtsfälschungen betreiben und den Nationalsozialismus sowie die NS-Ideologie salonfähig machen wollen
- *Alte Rechte* (im Aussterben begriffen), die den Ideen der 30er und 40er Jahre verhaftet geblieben sind und
- Die zahlenmäßig kaum zu erfassende Gruppe, deren Gesinnung sich in der Grauzone zwischen Konservatismus und Rechtsextremismus bewegt[9]

Hinzu kommen die rechtsradikalen Parteien und Organisationen, die ihre Weltanschauung nicht immer offen zeigen: NPD (Nationaldemokratische Partei Deutschlands) und JN (Junge Nationaldemokraten, Jugendorganisation der NPD), DVU (Deutsche Volksunion) und Republikaner, Parteien bei denen politische Programme eine untergeordnete Rolle gegenüber einer demagogischen Praxis spielen, sowie Freie Kameradschaften verschiedener Prägung und neonazistische Skinheads. Sie pflegen bestimmte populistische Rituale und engagieren sich für kurzfristige politische Maßnahmen, die einen Popularitätsgewinn versprechen. Sie setzen stärker auf Haltung, Gesinnung und Weltanschauung als auf kritisches politisches Denken. Wichtig für ihren Zusammenhalt sind jeweils eine Führungsfigur, die demonstrative Geschlossenheit der Partei und ein quasi religiöser »Glaube an Deutschland.«[10]
Orientiert man sich am Wahlverhalten, das sich allerdings rasch

ändern kann, so sind rechtsextremistische Parteien in den Bundesländern Mecklenburg-Vorpommern, Sachsen-Anhalt und Sachsen, wo sie inzwischen auch im Landtag vertreten sind, überproportional präsent. Die unterschiedliche Entwicklung in Ost und West wird durch folgende Wahlergebnisse belegt:

Abb. 7: Wahlergebnisse für die extreme Rechte bei den Bundestagswahlen 1998, 2002 und 2005

	1998		2002		2005	
	West	Ost	West	Ost	West	Ost
DVU	763 809	266 506				
REP	333 688	141 391	235 231	45 505	234 975	31 126
NPD			111 058	103 814	429 476	319 092
Schill*			239 493	106 264		3 338
gesamt	1 097 487	407 897	639 782	255 582	664 451	353 556
%	2,75	4,3	1,63	2,93	1,72	3,98
gesamt	1 505 394		895 364		1 018 007	
%	3,05		1,87		2,15	
davon %	73	27	71,5	28,5	65,3	34,7

* 2005: Offensive D
Quelle: Dieter Roth, Potential und Struktur extrem rechter Wählerschaften, in: Einsichten und Perspektiven. Bayerische Zeitschrift für Politik und Geschichte 2/2006, S. 108–119, hier S. 110.

Insgesamt gab es 2005 in Deutschland 168 rechtsextremistische Organisationen, ihre Mitgliederzahl sowie die Zahl der nicht organisierten Rechtsextremisten betrug geschätzt ca. 39 000. Chamäleonartig wechseln sie ihre Namen, sobald sie verboten werden. So wird vermutet, dass ein Marsch der »Freien Kräfte Berlin« für ein »Nationales Jugendzentrum« alternativ zu der inzwischen verbotenen »Berliner Alternative Süd-Ost« geplant wurde. Damit wird auch deutlich, wie gering die Wirkung von Verboten bestimmter Gruppierungen ist, da sie sich auflösen und unter neuem Namen wieder organisieren können. Nicht zu unterschätzen ist aber vor allem in der Öffentlichkeit die Wirksamkeit eines breiten Bündnisses von Gegendemonstrationen, weil damit gewährleistet ist, dass der öffentliche Raum nicht der Propaganda der Rechten überlassen wird. Zudem vermittelt ein solches Bündnis vor allem den Opfern der Gewalt, dass sie nicht allein gelassen werden. Dieser Aspekt ist wesentlich. Unterstützung geben auch eine Reihe von Opfer-Initiativen, die weit über eine unmittelbare Hilfe hinaus gegen die Einschüchterung durch Ausübung von Propaganda und Gewalt aktiv werden.

Der Bielefelder Rassismus- und Vorurteilsforscher, Wilhelm Heitmeyer, leitet seit 1982 verschiedene Forschungsprogramme zu Rechtsextremismus, ethnischen und kulturellen Konflikten, Gewalt und Fremdenfeindlichkeit. Wie er festgestellt hat, ist Gewalt der Ausdruck sozialer Prozesse, bei denen strukturelle und individuelle Faktoren zusammenwirken.[11] Die Billigung und die Bereitschaft zur Gewalt sind ein Ergebnis sozialen Lernens. Außerdem, so Heitmeyer, ist Gewalt subjektiv verbunden mit Wünschen nach Eindeutigkeit und Übersichtlichkeit und mit dem Bedürfnis, Ohnmacht zu überwinden und ein Gefühl körperlicher Überlegenheit zurückzugewinnen im Gegensatz zu rationaler, intellektueller Unterlegenheit.

Rechtspopulismus, Billigung von Gewalt und Gewaltbereitschaft finden sich nach einer Tabelle von Christian Gostomski u. a. vor allem in den neuen Bundesländern Brandenburg, Sachsen, Sachsen-Anhalt, Mecklenburg-Vorpommern und Thüringen.[12] Gostomski ist seit Februar 2007 im Bundesamt für Migration und Flüchtlinge (BAMF) in Nürnberg tätig und am Projekt »Gruppenbezogene Menschenfeindlichkeit – Empirische Langzeitbeobachtung menschenfeindlicher Einstellungen in der Bevölkerung« unter der Leitung von Wilhelm Heitmeyer beteiligt.

Abb. 8: Rechtspopulismus und Einstellungen zur Gewalt in den Bundesländern in Prozent und Mittelwerten nach der Skala 1 bis 4, vgl. Abb. 6.

Quelle: Heitmeyer, Wilhelm, Deutsche Zustände. Folge 5. Frankfurt/M: Suhrkamp 2007, S. 120

Bundesland	Rechts-populis-mus (%)	Gewalt-billigung	Gewalt-bereitschaft
Hamburg	15,2	1,53	1,51
Berlin	16,4	1,53	1,61
Bremen	17,6	1,47	1,53
Schleswig-Holstein	12,0	1,59	1,57
Nordrhein-Westfalen	15,0	1,53	1,56
Rheinland-Pfalz	18,0	1,60	1,55
Baden-Württemberg	17,4	1,61	1,51
Hessen	16,8	1,63	1,59
Niedersachsen	18,6	1,59	1,58
Bayern	22,1	1,57	1,54
Saarland	31,4	1,62	1,49
Brandenburg	21,1	1,68	1,67
Sachsen	20,8	1,72	1,64
Sachsen-Anhalt	23,0	1,70	1,68
Mecklenburg-Vorpommern	21,2	1,70	1,69
Thüringen	23,2	1,64	1,64
Gesamt	18,3	1,59	1,57
Alte Bundesländer	17,5	1,57	1,56
Neue Bundesländer	21,8	1,69	1,66

Gewaltbereitschaft geht nicht selten einher mit einem Hang zum Autoritarismus und mit gleichzeitigen Ängsten vor Desintegration, d. h. vor der Auflösung des sozialen Zusammenhaltes. Beides gibt es auch in den alten Bundesländern, jedoch weniger ausgeprägt. Der Zusammenhang zwischen rechtsradikaler Einstellung, Unsicherheit, Angst, Menschenfeindlichkeit und Hoffnung auf starke autoritäre Führer ist bereits zu Beginn der 30er Jahre von der Arbeitsgruppe um Adorno untersucht und 1950[13] erstmalig veröffentlicht worden. Der Philosoph und Soziologe kam nach seiner Emigration 1934 im

Jahr 1945 nach Deutschland zurück und leitete das Institut für Sozialforschung in Frankfurt/M. In seinen gesellschaftskritischen Untersuchungen stoßen wir auf Befunde, die sich auch bei den rechtsradikalen Jugendlichen beobachten lassen, z. B. dass ihre stereotypen Bilder von Ausländern oder Juden weder auf Erfahrung beruhen noch sich durch Erfahrung korrigieren lassen. Der Ausländeranteil ist bekanntlich in den neuen Bundesländern außerordentlich gering. Die Jugendlichen reduzieren komplizierte Sachverhalte auf einfache, wodurch ihre Klischees und Vorurteile bestätigt werden. Die Diskrepanz zwischen Klischee und Erfahrung bleibt ihnen natürlich nicht ganz verborgen, wird aber ideologisch abgewehrt und in den Dienst des Vorurteils gestellt. Adorno spricht in diesem Zusammenhang von »psychischem Totalitarismus«, der keine Differenzierungen zulässt und deshalb auch politisch auf Kriegsfuß mit der Demokratie steht.

Rechtsradikalismus in der DDR

Ist Rechtsradikalismus in den neuen Bundesländern ein Phänomen nach der Wende? Ein Kassiber, den der 23-jährige Skinhead an seinen »Gauleiter« im Herbst 1988 geschrieben hat, spricht dagegen:

(Orthografische Fehler im Original): »Wir machen weiter! Wir sind Rebellen und dienen einer gerechten Sache, Skins voran. Wir sind Elite. Terror gegen Terror. Die Rache ist unser, denn Rache ist gerecht. Wir stehen wie ein Bollwerk, wie eine eiserne Wand schaffen wir es. Alle zusammen. Mann für Mann ... So wie sie gegen uns sind, dürfen sie nichts anderes erwarten, als das Blut fließt. Ihres und Unseres ... Wir sind die Götter. Und wer nicht mit uns ist, ist gegen uns. Immer mehr werden sich zusammenraffen. Sie werden uns einsperren, sie werden uns zermürben, aber kapitulieren werden wir nicht und wenn es Rückschläge gibt, für uns ist es das Stahlbad das die starken zurücklässt und die schwachen vernichtet. Übrig bleibt der kern.«[14]

Die rechtsradikale Szene in der ehemaligen DDR hat nach 1989 insgesamt einen bemerkenswerten Aufschwung genommen, dies auch durch die Unterstützung aus dem Westen. Bereits 1980/81 wurde der bis dahin latente Neo-Nazismus in der DDR, zunächst eine diffuse Opposition gegen die sozialistische Gesellschaft und gesellschaftliche Minderheiten, z. B. gegen Juden, strafrechtlich relevant. Vom Herbst 1987 bis zum November 1989 wurde eine soziologische Studie über Erkenntnisse der Kriminalpolizei zu neofaschistischen Aktivitäten in der DDR auf der Basis von Verhörprotokollen, Zeugenaussagen und Befragungen durchgeführt. Das Ergebnis war: Es gab eine straffe Organisation innerhalb einzelner Gruppen, eine Zusammenarbeit auf Landesebene und über die Landesgrenzen hinweg (BRD, Ungarn, Baltikum) sowie eine partielle Vernetzung landesweit. Ideologisch ging es um so genannte »deutsche Werte«, wie Fleiß, Sauberkeit, Ideale von Zucht, Ordnung, Härte, Kameradschaft und Disziplin. Eine Unterströmung der Skins, die Faschos, orientierte sich stärker an der faschistischen Ideologie; nach außen unauffällig verhielten sie sich nach innen streng konspirativ. Das Innenministerium vermutete auch Infiltrationsversuche der Volkspolizei, der NVA und der Zollverwaltung. Nach Festnahmen politischer Demonstranten bestätigte sich dies durch die Äußerungen einzelner Polizisten. Rechtsradikalismus wurde von der Regierung der DDR zuerst verleugnet, dann verharmlost und schließlich bekämpft. Nach Meinung des Dokumentarfilmers, Publizisten und Mitbegründers von »Demokratie Jetzt«, Konrad Weiß, ist ein Grund dafür, dass die politische Kultur der DDR in weiten Teilen der autoritären und rechten Ideologie entgegenkam:

»Nicht Originalität und Innovation haben den höchsten Stellenwert, sondern Unterordnung und Konvention. Nicht Widerspruch und Kritik sind wirklich geschätzt, sondern Anpassung und Duckmäusertum … Die kommunistische Kaderpartei beförderte nicht die Entwicklung demokratischer Tugenden, sondern schuf ein System neuer

Privilegien zur Belohnung für Maulheldentum, Untertanengeist und Parteidisziplin. Das Führerprinzip, das sich für die Deutschen als verhängnisvoll erwiesen hatte, erlebte unter anderem Vorzeichen eine Renaissance: erst der Stalinkult, dann der unbedingte Anspruch der kommunistischen Partei, Avantgarde und Vorhut zu sein. Eine basisdemokratische Kontrolle der Mächtigen und ihrer Organe gab es nicht und wird bis heute nicht geduldet.«[15]

Unterstützt wurden rechtsradikale Bewegungen aber auch durch das ökonomische Scheitern und die repressiven Maßnahmen des Regimes, die einen Widerspruch unter jungen Leuten geradezu herausforderten. Oft wurde dieser Widerspruch erst nachträglich ideologisiert.

Nach der Wende eröffneten die neue Rede- und Versammlungsfreiheit und die Verbindung zu westlichen Gesinnungsgenossen, die in Gestalt der DVU (Deutsche Volksunion), NPD (Nationaldemokratische Partei Deutschlands), FAP (Freiheitliche Deutsche Arbeiterpartei, 1995 verboten), NF (Nationale Front) und REP (Republikaner) Einfluss nahmen, neue Möglichkeiten der Propaganda und legaler Arbeits- und Auftrittsmöglichkeiten. Unterstützung fanden Rechtsradikale auch in der Bevölkerung, da sie Tugenden wie Fleiß, Sauberkeit und Ordnung vertraten und vorhandene Feindbilder wie Punks, Schwule, Ausländer und Linke verstärkten. Dadurch wurde eine politische Atmosphäre geschaffen, die Rassismus, Ausländerfeindlichkeit und Nationalismus unterstützte, obgleich der Anteil der Ausländer in der DDR gering war und diese zudem sehr restriktiv gehalten wurden. Nach einer empirischen Studie vom Zentralinstitut für Jugendforschung in Leipzig (Wolfgang Brück 1992)[16] verfügten ca. 10–15 % der DDR-Bevölkerung über relativ fest systematisierte und reflektierte rechtsradikale Denkmuster, und 50 % sogar über diffuse und unreflektierte rechtsradikale Gefühlsmuster bezogen auf Ausländerfeindlichkeit, Nationalismus, Autoritätsdenken, Gewaltbereitschaft, Intoleranz und Sozialdarwinismus.

Das ist ein Beispiel dafür, wie Repression wiederum Repression erzeugt, insbesondere, wenn sie verinnerlicht und damit unabhängig vom repressiven System geworden ist. Dies gilt nicht nur im Osten, sondern auch im Westen Deutschlands und führt zu einer verengten, vorurteilsbehafteten Sichtweise, nicht nur hierzulande, sondern auch andernorts.

Der Nährboden für Rechtsradikale

Während die Ideologen ihrer Bildung nach meist der Mittelschicht, mitunter sogar der gehobenen, entstammen, kommen die Täter, vor allem die jugendlichen, meist aus der Unterschicht. Nicht selten sind sie Täter und Opfer zugleich. Sie werden zur Tat angestiftet durch eine nur diffus verstandene Ideologie, die ihr gering entwickeltes Selbstbewusstsein stärkt, ohne das Übel an der Wurzel zu packen. Sie werden verführt und gebraucht bzw. missbraucht, weil sie durch ihre oft spektakulären Aktionen und Straftaten für öffentliche und mediale Aufmerksamkeit sorgen. Am Ende sind sie auch meist die Einzigen, die, wenn gefasst, zur Rechenschaft gezogen werden.

Gerade jugendliche und heranwachsende Jungen sind aufgrund ihrer altersbedingten Wachstums- und Reifungskrisen ansprechbar für Schmeicheleien und Größenideen, leicht verführbar und ohne große Mühe zu rekrutieren, wenn sie ohne kritische verlässliche Erwachsene, häufig ohne ihre Väter, sich selbst überlassen sind. Sie sehen sich oft selbst in einer kriegsähnlichen Situation und bringen dies durch ihre Uniformierung auch im Outfit zum Ausdruck. Sie fühlen sich bedroht und projizieren ihre Ängste auf vermeintliche Feinde, die sie als »Gegner« ebenfalls durch äußerliche, uniforme Merkmale festlegen. Sie befinden sich in einem inneren und äußeren Klima von »Paranoia und Gewalt«, wie es der Politologe Hajo Funke vom Institut für politische Wissenschaften der Freien Universität Berlin 2002[17] prägnant formuliert hat. Deshalb konnte es in Berlin passieren, dass rechte Jugendliche einen seinem Aussehen nach vermeintlichen Ausländer überfielen, der, wie sie später auf der Polizei erfuhren, ein Deutscher war. Sie äußerten daraufhin sogar ihr Bedauern, gerade so, wie wir es auch vom Militär bei versehentlichem »friendly fire« kennen: Sie fühlten sich als hätten sie, so wörtlich, »einen Kameraden erschossen«.

Gewalt erschreckt und Gewalt fasziniert, Letzteres deshalb, weil Gewalt Träume von Macht und Angst vor Ohnmacht symbolisch reaktiviert, die allen Menschen seit Kindertagen bekannt sind. Besonders in dem Alter, in dem die Welt für den kindlichen Blick noch in Gut und Böse zerfällt und realistische, differenziertere Wahrnehmungen noch nicht möglich sind, beherrschen die Spiele von Macht und Ohnmacht, Sieg oder Niederlage, Freund oder Feind die Phantasie. Aufgrund solcher vereinfachten Vorstellungen sind scheinbar klare und verlässliche Orientierungen möglich und Unsicherheiten und Zweifel ausgeschlossen. Nie wieder fühlen wir uns moralisch so mächtig und sicher wie im Kindesalter, solange wir nur auf der »richtigen« Seite stehen und unsere eigenen unerwünschten und unerträglichen Anteile auf den anderen projizieren, sei es auch nur auf den unschuldigen Stein, an dem sich unser Fuß gestoßen hat. Manche Erwachsene wehren sich lebenslang gegen Kritik, Unsicherheit und Zweifel, manche regredieren in bestimmten Lebenssituationen, greifen erneut zu diesen Kindheitsmustern und füttern ihre Größenphantasien, ihre Machtwünsche und/oder ihre Angst vor Ohnmacht mit solch spaltenden Phantasien. »Ich will mal sagen, der Deutsche ist der arbeitsamste und fleißigste auf der ganzen Welt«, so die Mutter eines rechtsradikalen Jugendlichen.

Die rechte Szene lebt von der Unterstützung der Gesellschaft. Daraus bezieht sie ihre politische Macht. Unterstützung heißt nicht nur, mental ihre Ansichten und Vorurteile zu teilen, sondern im konkreten Fall Ermittlungen zu behindern, die Opfer allein zu lassen und sie damit der Gewalt der Täter auszuliefern, wenn nicht sogar die Täter zu entschuldigen.

Aber die Täter können auch Täter *und* Opfer sein. Opfer einer Politik, die ihre Befindlichkeit und ihre Gefühle nicht ernst nimmt, wie z. B. in Rostock-Lichtenhagen. Mehr als ein Jahr vor Beginn der Ausschreitungen lagerten bereits ca. 300 Roma aus Rumänien rund um die Asylaufnahmestelle Lichtenhagen ohne entsprechende sanitäre Einrichtungen und Kochgelegenheiten. Solange die Anträge nicht bearbeitet waren, was oft mehrere Tage dauerte, gab es für sie weder Verpflegung noch Unterkunft. Selbst die von den Hilfsorganisationen angeforderten Toilettenwagen wurden nicht gestellt. Diese fehlende Fürsorge belastete nicht nur die Roma, sondern selbstverständlich auch die Anwohner. Sie fühlten sich belästigt durch die Roma, die notgedrungen draußen nächtigen und dort auch ihre Notdurft verrichten mussten. Behördlicherseits kümmerte sich niemand nachhaltig um diese Missstände, die – zu Unrecht – von den Anwohnern unmittelbar den anwesenden Roma angelastet wurden.

Das erinnert sehr an Äußerungen von jugendlichen Zeitzeugen bei einem Transport von Juden in Viehwaggons während der NS-Zeit. Diese machten ebenfalls aufgrund des Mangels an den notwendigsten hygienischen Einrichtungen einen heruntergekommenen und verwahrlosten Eindruck. »Die sahen aus, wie man sie uns immer beschrieben hatte«, erinnerte sich ein Zeitzeuge, der als Kind diese Transporte beobachtet hatte. So sahen auch die Roma in Lichtenhagen nach einigen Tagen aus, wie man sich »Zigeuner« immer schon vorgestellt hatte: schmutzig, faul und verwahrlost. Anstatt Vorurteile abzubauen oder die Vorwürfe an die richtige Adresse zu richten und wirksam Abhilfe zu schaffen, wurden Vorurteile geschürt. Anstatt den sozialen Brand zu löschen, der sich durch die zunehmenden Spannungen zwischen Asylsuchenden und der ortsansässigen Bevölkerung entwickelte, wurde Öl ins Feuer gegossen. So äußerten sich Anwohner erbost gegenüber Reportern: »Sie betatschten Kindergärtnerinnen, bumsten unter freiem Himmel und schissen überall hin.« Die Neuankömmlinge schienen sich leisten zu können, was den Deutschen mühsam kulturell aberzogen worden war.

Mit der allgemeinen Verschlechterung der sozialen und ökonomischen Situation in Teilen der Bevölkerung im Osten Deutschlands nach der Wende erschienen ohnehin die Asylbewerber als Konkurrenten um die spürbar knapper gewordenen Ressourcen von Wohnungen und Arbeit. Die Klischees »Sie nehmen uns Wohnung, Arbeit, Frauen weg« bedienen nicht eine realistische Einsicht, sondern Ressentiments, die aus dem Bauch kommen, ein Gefühl selbst zu kurz gekommen, benachteiligt oder vernachlässigt worden zu sein. Das geht auch aus dem UCEF-Report[18] »Zur Akzeptanz von Asylbewerbern in Rostock Stadt« 1992 hervor: Die Zahl der Asylsuchenden in Rostock lag unter 1 %, die Zahl der Arbeitssuchenden zwischen 20–40 %. Die Bedrohung kam demnach nicht von den Asylbewerbern, sondern von der wirtschaftlichen Entwicklung und von einer Politik, die zu einem Verlust der Arbeitsplätze geführt und damit für sozialen Sprengstoff gesorgt hatte.

Der Schlachtruf vom 24. August 1992 »Wir kriegen euch alle« war Ausdruck einer angeheizten Pogromstimmung, die sich nicht nur gegen die längst evakuierten Roma richtete, sondern gegen alle, die fremd waren, auch die bislang einigermaßen akzeptierten Vietnamesen. Unbehindert durch die Polizei konnten Jugendliche ihre Gewalttätigkeit ausleben und sich dabei noch einer mentalen Unterstützung und Komplizenschaft der Bevölkerung, der Polizei und der Politik sicher sein. Wie die Äußerung des Ministerpräsidenten von Mecklenburg-Vorpommern, »Dass das natürlich umschwappt, wenn man in der Menge ist, dafür habe ich auch Verständnis«, zeigt, konnte man sich sogar partiell im Recht fühlen, solange die Opfer offiziell keine Stimme hatten.

Die Jugendlichen konnten sich als ausführendes Organ eines auch unter Erwachsenen verbreiteten Volkszorns sehen. Die Wechselwirkung zwischen Toleranz und sogar Akzeptanz seitens der Bevölkerung und der Politik und der tatsächlichen Gewalt gegen Ausländer durch die jugendlichen männlichen Täter ist nicht zu übersehen. Sie führte zu einer Herabsetzung der Hemmschwelle.

Diese Bekräftigung der Vorurteile und Enttabuisierung im rechten Spektrum wird mental durch Liedtexte, wie sie z. B. die *Zillertaler Türkenjäger* verbreiten, vorbereitet:

> »Das sprach der Neger,
> Häuptling aus Uganda.
> Schön ist's in Deutschland,
> ganzes Dorf muss mit ...«

> »Parasiten, das sind sie,
> arbeiten, das wollen sie nie,
> unsere Gelder nehmen sie gern,
> bald sind Asylanten unsere Herrn ...«

> »..mag er hier geboren sein,
> bleibt er doch ein Negerlein
> ... und muss verschwinden ...«

> »Täglich kommen sie in deinen Heimatort,
> mit sich bringen sie Hass und Mord ...«

In der letzten Zeile ist die Projektion des eigenen Hasses und der Mordphantasien der Liedtexter und -sänger unverkennbar.

Die rechtsradikale Musikgruppe *Endsieg* formulierte:
»Siehst du einen Türken ... Du ziehst dein Messer und stichst 127 mal hinein, vernichtet ihre Rasse ... steckt sie ins KZ!«

Kahlkopf singt:
»Da kommt der Paul mit seinem Rollstuhl an. Ich stech' ihm beide Reifen platt. Jetzt tret' ich zu, jetzt ist er satt.«

Kraftschlag textet in einem Lied:

»Ihr rotes Scheißpack, ich hab euch satt. Sein Kiefer zersplittert durch die Doc-Stahlkappe, jetzt noch einen Eiertritt, dann liegt er auf der Matte. Er blutet aus'm Schädel, doch er bewegt sich noch, dann tret' ich noch mal rein, immer auf den Kopf.«

Der Musiksoziologe und Rechtsextremismusforscher Lutz Neitzert hat diese Liedtexte kritisch wissenschaftlich ausgewertet. Er gibt auch aktuelle Hinweise auf seiner Homepage.[19]

Die Aufrufe zur Gewalt, ohne sich dafür schuldig zu fühlen oder sich zu schämen, sind unverkennbar. Gewalttätige Emotionen können jedoch auch durch die Sprache der Politik angeheizt werden, wenn Asylbewerber als so genannte »Scheinasylanten« denunziert werden, obwohl man von Wirtschaftsflüchtlingen sprechen müsste. Denn es ist bekannt, dass auch ökonomische Krisen, ausgelöst durch Krieg, Dürre, Korruption und ökonomische Ausbeutung eine tödliche Bedrohung sein können. Wenn man schon nicht wirksam helfen kann oder will, sollte man die bedrohten Menschen wenigstens nicht noch zusätzlich denunzieren. Ob jemand Asyl sucht wegen lebens-bedrohlicher politischer oder ökonomischer Verhältnisse – die Bedrohung und der Wunsch zu überleben sind dieselben.

Der Wunsch der Politiker, politisch zu überleben, führt ebenfalls mitunter zu irrationalen und paranoiden Vorurteilen und Äußerun-gen. Sie bedienen sich der vorhandenen Ressentiments in der Bevöl-kerung und leiten sie in eine Richtung, die den tatsächlich Verant-wortlichen nicht gefährlich werden kann. Die Asyldebatten der letzten zehn Jahre liefern dafür Beispiele genug. Das zeigt sich in der Eskalation der Gewalt gegen bestimmte Gruppen und in der thema-tischen Fokussierung in den Medien. So richtete sich die Gewalt viel stärker gegen Asylsuchende als gegen Aussiedler, obwohl diese die zahlenmäßig größte Gruppe der Neuankömmlinge stellten. Auch rückte 1991 das Thema innerhalb nur weniger Monate so sehr in den

Mittelpunkt des öffentlichen Interesses, dass sogar das Problem der Arbeitslosigkeit, das den Bürgern sehr viel mehr auf den Nägeln hätte brennen müssen, vorübergehend bedeutungslos wurde, wie Ruud Koopmann in seiner Studie *Asyl: Die Karriere eines politischen Konflikts* 1996[20] belegt.

Ausländer eignen sich als Projektionsfläche und Sündenböcke für eigene gesellschaftliche Fehlentwicklungen. Ethnozentrismus, eine Idealisierung der eigenen Ethnie, und die Verleugnung der eigenen Fehler und Versäumnisse gehen oft Hand in Hand mit Fremdenhass. Das ist auch der Nährboden für eine propagandistisch genutzte Wiederauflage eines völkischen Nationalismus rechter Parteien wie der NPD, verknüpft mit alten antisemitischen Vorurteilen und Visionen von »Machtergreifung« und Schaffung eines »4. Reiches«. Die Anklänge an den Nationalsozialismus sind unverkennbar.

Der Machtzuwachs rechtsradikaler Parteien schöpft aus der Quelle der mentalen Unterstützung durch die Bevölkerung, die propagandistisch durch einen Appell an Verlierer- und Ressentimentgefühle erreicht wird, um daraus politisches Kapital zu schlagen.

»Je stärker nämlich die Rechtsextremen wie Fische im Wasser in einem Meer der Sympathie schwimmen, so dass normale Bewohner für uns die Hand ins Feuer legen, werden wir das Maß aller Dinge sein. Wir sind die Elite in dieser Wohngegend ... Ist auf diese Weise einmal ein Straßenzug – es kann natürlich auch ein kleines Dorf sein – zur befreiten Zone innerhalb einer militant befreiten Stadt geworden, haben wir also konkrete Gegenmacht erobert, dann wird sich dieses rasend schnell herumsprechen.«

Dies ist nachzulesen im Kader-Pamphlet *Schafft befreite Zonen!* – erstmals veröffentlicht 1991 in *Vorderste Front*, der Zeitung des Nationaldemokratischen Hochschulbundes (NHB).[21] »Befreite Zonen« sind rechtsfreie Zonen, für Ausländer verbotene Zonen, Zonen ohne Anerkennung der allgemeinen Menschenrechte und -würde,

Zonen der Gewalt. Den Deutschen dürfte dies nach den innerdeutschen Grenzerfahrungen bis 1989 nur zu bekannt sein. Offensichtlich geht es aber nicht nur um den Macht-, sondern vor allem um den Propaganda- und um den Sympathie-Effekt.

Jede Propaganda verläuft ins Leere, wenn ihre Botschaft innerlich keinen Menschen anspricht und erreicht. Deshalb ist es wichtig, den Sumpf aus Hass, Neid und Ressentiments trockenzulegen, indem man den realistischen Kern ernst nimmt und zusammen individuell und gesellschaftlich an Lösungen arbeitet. Die Strategie von Furcht und Schrecken ist nicht erfolgreich, wenn Gegenstrategien entwickelt werden, die deeskalierend und deideologisierend wirken.

II. Die Entwicklung rechtsradikaler Identität

Jede Kultur hat ihre Werte und ihren Blick auf die Welt, wie sie ist oder gestaltet werden sollte. Zentrale menschliche Erfahrungen werden kulturell interpretiert. Danach werden Ziele formuliert und Wege gesucht, um diese Ziele zu erreichen. Dies gilt für international unterschiedliche Kulturen ebenso wie für die Differenz der Kulturen im eigenen Land. Welches Menschenbild hatten die rechtsradikalen Jugendlichen, mit denen wir arbeiteten? Was verband sie? Wie definierten sie, was sie für gut und böse hielten? Wie gestalteten sie die Beziehungen zwischen Frauen und Männern? Welche Staatsform hielten sie für erstrebenswert, wenn sie sich gegen eine demokratische Kultur entschieden und von einem Führerstaat schwärmten?

In unseren Gesprächen ergaben sich ständig Konflikte aufgrund unterschiedlicher Wertvorstellungen. Wir knüpften an unterschiedliche Traditionen an und interpretierten das »kulturelle und historische Gedächtnis«, wie es der Ägyptologe und Kulturwissenschaftler Jan Assmann an der Universität Heidelberg[22] bezeichnet hat, völlig unterschiedlich. So waren für mich die Vorbilder, die sie auswählten und mit ihren eigenen Phantasien ausschmückten, sehr fremd. Sie schwärmten zum Beispiel für die Wikinger oder für Rudolf Hess, der in seiner Ambivalenz doch alles andere als eine Heldenfigur war.

Ihre Identifikation als Deutsche funktionierte bei diesen Jugendlichen meist über ein Anknüpfen an ausgewählte historische Tatsachen und Traditionen, aber auch über klar formulierte aktuelle soziale, politische, kulturelle und ökonomische Interessen. Eine rechtsgerichtete Identität hatten sie mitunter bereits in früher Kindheit dadurch erworben, dass ihre Familie sich mit Teilen der idealisierten nationalsozialistischen Ideologie und Herrschaft immer noch verbunden fühlte. Ihre illusionären Vorstellungen und Wünsche von einem hierarchisch durchstrukturierten, kontrollierten, totalitären und idealisierten NS-Staat, in dem die Welt noch in Ordnung war und in dem jeder seinen Platz hatte, wurde nicht durch die verleugnete totale Niederlage von 1945 oder durch den ebenfalls verleugneten Holocaust am stärksten infrage gestellt, sondern vor allem durch die als bedrohlich erlebte aktuelle Entwicklung: die Einschränkung der Macht und Bedeutung der europäischen Nationalstaaten, die Angst vor Konkurrenz, die Angst, nirgendwo mehr zuhause zu sein, weil bestimmte überlieferte Werte und Lebensformen, mit denen sie sich identifiziert hatten, gegenwärtig und in Zukunft antiquiert, überholt, irrelevant und nicht mehr geeignet erschienen, anstehende Probleme und Herausforderungen zu bewältigen. Eine bruchlose Identität war ihnen nur möglich, wenn sie sich trotzig und rückwärtsgewandt an die meist familiär überlieferten Werte klammerten. Die Gruppe Gleichgesinnter schützte und half, dieses Gefühl des drohenden Verlustes abzuwenden, die Verunsicherung zu bewältigen und die Verletzungen des Selbstwertgefühls zu kompensieren. Diese Kompensation erfolgte nicht durch die Anerkennung der Realität, sondern durch eine rückwärtsgewandte Vorwärtsstrategie in die falsche Richtung, durch eine illusionäre Verleugnung der Realität.

Real erfahrene Demütigungen unterstützten affektiv diesen Prozess, insbesondere das Gefühl, nicht gefragt und nicht gebraucht zu werden. Damit einher ging das Gefühl, in dieser und der kommenden zukünftigen Gesellschaft keinen Platz zu haben und überflüssig zu sein, wenn sich nicht radikal etwas änderte.

Die Gruppe war auch durch Rituale und Symbole verbunden, die direkt oder nur wenig abgewandelt der Mottenkiste der NS-Zeit entlehnt waren. Diese Rituale gaben den Jugendlichen ein Gefühl der Kontinuität, Macht, Stärke und Zusammengehörigkeit. Der gemeinsame Glaube nicht nur an eine glorreiche Vergangenheit, sondern auch an eine entsprechende Zukunft isolierte und schirmte sie ab wie die Mauer einer Festung, die mitten in der demokratischen Gesellschaft errichtet war und eine Trennwand zwischen sich und den anderen schuf. Sie schützte nach innen wie nach außen, und so wehrten sie aggressiv alles von außen Kommende ab. Die Spaltung machte auf Risse in unserer Gesellschaft aufmerksam, die zwei intellektuelle Welten trennte, eine der historischen Wahrheit verpflichtete und eine illusionäre, unter Verleugnung der historischen Tatsachen. Sie wies aber auch auf zwei emotionale Welten hin: auf die der Verlierer – jedenfalls fühlten sie sich so – und die der Gewinner.

Illusionäre Hoffnungen richteten die Jugendlichen auf ihre selbst ernannten oder in der Szene anerkannten demagogischen (Ver-) Führer. Zwar hätten diese keinen Erfolg gehabt, wenn sie nicht auf ein Echo und eine innere Bereitschaft bei den Jugendlichen gestoßen wären, doch konnte diese Komplizenschaft auch schwach ausgeprägt und unsicher sein, aber verstärkt werden durch die schmeichelhafte rhetorische Aufwertung, die die Jugendlichen erfuhren. Diese Aufwertung tat ihnen gut, da sie nach Anerkennung hungerten. Der nicht zu unterschätzende Gruppendruck tat ein Übriges.

Demagogen schüren mit ihren aufgeheizten Reden Emotionen: Empörung über vermeintliches oder tatsächliches Unrecht, Wut auf vermeintliche oder tatsächliche Täter und vor allem Ängste. Sie erzeugen und pflegen ein paranoides, auch vor allem politisch wirksames Klima der Angst und Bedrohung, wie man es von Kriegsvorbereitungen kennt. Es geht ihnen um einen Zuwachs an Macht, selbst um den Preis der Herstellung bürgerkriegsähnlicher Zustände. Sie betreiben eine Spaltung der Gesellschaft, indem sie Gefahren beschwören, die laut ihrer rechtsradikalen Propaganda angeblich von einer bestimmten gesellschaftlichen Gruppe ausgehen. Diese Gruppe, die Einwanderer, ist inzwischen allerdings weitgehend ein fester Bestandteil unserer Gesellschaft. Die Entwertung der Einwanderer und die Idealisierung der eigenen Gruppe gibt ihrem Narzissmus Nahrung und stärkt auf diese Weise ihr schwaches Selbstwertgefühl.

Die Konstruktion von Feindbildern

Verfolgungsängste drückten sich bei den Jugendlichen zum Teil individuell und körperlich in einem Gefühl der Bedrohung aus. Auch als Gruppe fühlten sie sich bedroht, was in Metaphern und symbolischen Anspielungen, aber auch in ihren Handlungen zum Ausdruck kam: Als einmal ein bunt bemalter VW-Bus um die Ecke in ihre Straße einbog, verschwanden sie, die vorher draußen Zigaretten rauchend herumgestanden hatten, und waren plötzlich wie vom Erdboden verschluckt. Sie hatten vermutet, wie sie nachher sagten, dass ihre Feinde – die Autonomen – im Bus saßen. Sie fürchteten, angegriffen zu werden und dieses Mal als Gruppe den Angreifern nicht gewachsen zu sein. Tatsächlich handelte es sich bei dem unauffällig vorbeifahrenden Fahrzeug um einen Familienvater mit einem Bus voller Kinder, der überhaupt nicht mitbekommen hatte, was für eine paranoide Reaktion er ausgelöst hatte. Es gab jedoch auch reale Konflikte mit den Autonomen. Ein Körnchen Wahrheit ist auch in paranoiden Ideen enthalten, meinte schon Sigmund Freud, aber eben nur ein Körnchen.

Die Unterschiede zwischen ihnen und ihren »Feinden« wurden immer wieder betont, für unvereinbar erklärt, jegliche Gemeinsamkeit verleugnet und Differenzierungen vermieden. Dies machte die Jugendlichen anfällig für Gerüchte, die ihre Vorurteile bestätigten. Diese Gerüchte wirkten wie Öl, das man ins Feuer gießt. Sie hatten ein paranoides Potenzial, das einerseits das Gemeinschaftsbewusstsein und Zusammengehörigkeitsgefühl der Gruppe stärkte und andererseits zugleich die Angst und die Bereitschaft zur Aggression weckte. Gerüchte über Angriffspläne der Linken oder Autonomen riefen einerseits heftige Furcht und Angst hervor, andererseits aber auch Hoch- und Überlegenheitsgefühle, wenn der nur gerüchteweise angekündigte Angriff nicht stattgefunden hatte.

Die ideologische Aufhebung der moralischen Grenzen von Körperverletzung und Tötung von Feinden war ein großes Problem, da sie diese als erlaubte Akte der Selbstverteidigung definierten und sich sogar dazu verpflichtet fühlten. Reste dennoch vorhandener Schuld- oder Schamgefühle und damit die Bereitschaft zur Übernahme individueller Verantwortung löste die Zugehörigkeit zu der größeren Einheit der Gruppe oder Kameradschaft auf. Dies ist in Deutschland – historisch betrachtet – ein nur allzu bekanntes Phänomen. Der SS-Führer Ohlendorf berichtete über die Durchführung der Erschießungsaktion eines Einsatzkommandos wie folgt:

»Die dazu ausersehene Einheit pflegte in ein Dorf oder eine Stadt zu kommen und den führenden jüdischen Bewohnern den Befehl zu erteilen, alle Juden zwecks Umsiedlung zusammen zu rufen. Sie wurden aufgefordert, ihre Wertgegenstände den Führern der Einheit zu übergeben und kurz vor der Hinrichtung ihre Oberkleidung auszuhändigen. Frauen und Kinder wurden zu einem Hinrichtungsort geführt, der sich meist neben einem vertieften Panzerabwehrgraben befand. Dann wurden sie erschossen, kniend oder stehend, und die Leichen in den Graben geworfen. Ich habe der Gruppe D das Erschiessen durch Einzelpersonen nie genehmigt, sondern befohlen, dass mehrere Leute gleichzeitig schiessen sollten, um direkte persönliche Verantwortung zu vermeiden.«[23]

Für mich bedeuteten diese Erlebnisse mit den Jugendlichen, dass ich in ihnen einer mir sehr fremden Kultur im eigenen Land begegnete, die zu verstehen nicht leicht war. Es wurde von mir erwartet, dass ich mich für diese Kultur interessierte, während von den Jugendlichen die Bereitschaft erwartet wurde, bewusst oder unbewusst etwas von sich mitzuteilen. Aber wie sollte das gehen, ohne eine Gesprächs- und Diskussionskultur, die sie auch untereinander nicht pflegten? Sie waren kurz angebunden, ihre Sprache war apodiktisch und ließ in ihrer unangreifbaren Selbstgewissheit Kritik, Fragen, Zweifel und Widersprüche nicht zu.

Die Gespräche mit den Jugendlichen ergaben sich in Marzahn

nicht am runden Tisch, sondern zwischen Tür und Angel: Auf die Bemerkung in einer Unterhaltung, die sie untereinander führten, dass man alle Ausländer außer Landes jagen müsse, fragte ich, was sie gegen Ausländer hätten. Sie brachten die üblichen Klischees vor: »Die nehmen uns Arbeit, Wohnung und Frauen (!) weg.« Mir fiel meine österreichische Urgroßmutter ein, und ich dachte, es müsse doch mit dem Teufel zugehen, wenn es nicht in der Familie des ein oder anderen Jugendlichen selbst einen ausländischen Verwandten gäbe.

Ich fragte danach und es geschah, überraschend für mich, folgendes: Ein Mädchen aus der Gruppe errötete schamhaft und »outete« sich mit einem ausländischen Familienmitglied. Es war deutlich zu sehen, dass sich die anderen von ihr zurückzogen und Abstand nahmen. Plötzlich stand sie isoliert da und alle sahen sie fragend an. Sichtlich gehemmt erzählte sie, dass sie – Kind eines Besatzungssoldaten nach dem Zweiten Weltkrieg – einen französischen Vater hatte. Das war neu für ihre Freunde und offensichtlich ein Problem: Konnte sie noch in der Gruppe bleiben oder nicht? Offensichtlich hörten sie diese Geschichte zum ersten Mal. Eine halbe Stunde lang befassten sie sich damit, fragten das Mädchen aus und versuchten auf ihre Weise, dieses Problem im Gespräch untereinander zu lösen. Sie war bei einer allein erziehenden Mutter aufgewachsen. Der Vater hatte die Mutter mit dem Kind im Stich gelassen, sich nicht weiter um sie gekümmert und war am Ende seiner Dienstzeit nach Frankreich zurückgekehrt. Das gab den Ausschlag und »löste« ihr Problem: Die Jugendlichen hatten nichts gegen Ausländer, die dorthin zurückkehrten, wo sie hergekommen waren. Weil der Vater getan hatte, was er in ihren Augen tun musste, konnten sie sich mit dieser Vaterschaft aussöhnen und das Mädchen wieder in die Gruppe aufnehmen.

Diese Geschichte zeigt, wie sehr Schamgefühl sozial geweckt wird und beeinflussbar ist, wenn vor der Gruppe bereits ein ausländischer Vater als Makel empfunden wird. Im Erröten des Mädchens drückten sich Ohnmacht angesichts eines Vaters, den es sich nicht ausgesucht hatte, Gefühle von Entwertung und Hilflosigkeit aus. Und das Ergebnis ihrer Diskussion? »Eine absurde Lösung für ein absurdes Problem«, so könnten wir intellektuell überheblich sagen, »und eine keineswegs ausländerfreundliche«. Moralisch hatte diese Szene eine makabre Seite, weil durch die vorgebliche Lösung der Hass auf hier lebende Ausländer unangetastet blieb. An der Grundeinstellung der Jugendlichen hatte sich nichts geändert. Dennoch hatte ihre Problemlösung aus sozialpädagogischer Perspektive auch eine positive Seite: Es war ihnen wichtig, einen Weg zu finden, das Mädchen ohne den Makel der Halb-Ausländerin in der Gruppe zu behalten und es nicht auszuschließen. Deshalb mussten sie eine Differenzierung zwischen den guten Ausländern, die dorthin zurückgehen, wo sie hergekommen sind, und den schlechten, die hier bleiben, vornehmen. Die Gruppe bemühte sich primär darum, die Beziehung zu diesem Mädchen nicht zu beenden und es, nachdem es sich geoutet und selbst ausgegrenzt hatte, ohne Gesichtsverlust wieder in die Gruppe aufzunehmen. Meine Frage hatte den Anstoß zu einer Gruppendiskussion gegeben. Auch wenn ich weder das Problem noch die Lösung, die sie fanden, teilte, musste ich doch anerkennen, dass sie auf ihre Weise daran gearbeitet hatten und, anstatt in die üblichen Klischees zu verfallen, erste Schritte einer Differenzierung unternommen hatten, die in die richtige Richtung wiesen. Natürlich mussten ihnen weitere Schritte folgen. Die Lösung zeigt zudem ihre Lebenssituation und ihre Zukunftsängste: Die Jugendlichen hatten berechtigte Sorgen und Befürchtungen, auf dem umkämpften Arbeitsmarkt als un- oder angelernte Arbeitskräfte wenig Chancen zu haben und sich in der Konkurrenz gegen Billigangebote von Ausländern nicht behaupten zu können. Ausländer, die zurückgingen, wo sie hergekommen waren, stellten keine Konkurrenz dar. Mit dieser Angst stehen die Jugendlichen nicht allein. Ihre Familien, das soziale Umfeld und andere politische rechtsgerichtete Gruppierungen bestätigen und unterstützen sie darin.

Wie selbstbezogen oder unreflektiert vor allem die Jungen waren, zeigte sich darin, dass sie keinerlei Kritik an dem Vater übten, der sich seiner Verantwortung gegenüber der Mutter und dem Kind entzogen hatte. Einerseits waren die Jungen so gefangen in ihren eigenen Problemen, dass ihnen ein erweiterter Blick auf andere nicht möglich war. Andererseits stammten sie in der Regel aus Familien, in denen die Väter ihrer Verantwortung ebenfalls nicht gerecht geworden waren. Das Verhalten des französischen Besatzungssoldaten erschien ihnen daher als völlig normal.

Der Hass gegen Ausländer nährte sich aus vielen Quellen, er hatte nachvollziehbare und nicht nachvollziehbare Gründe, rührte aus der Familienüberlieferung und war in der Gegenwart begründet. In ihm bündeln sich sämtliche eigenen und familiär unverarbeiteten Probleme. Ein unbefangener Blick auf den anderen war den Jugendlichen erst möglich, nachdem sie am eigenen Leib erfahren hatten, wie sich Menschen um sie kümmerten, die nicht ausschließlich in ihre eigenen Probleme verstrickt waren.

Ein weiterer, für die Jugendlichen ketzerischer Gedanke von mir brachte sie völlig aus dem Konzept: Was wäre gewesen, wenn man den »Ausländer« Hitler nach Hause geschickt hätte oder zurück dorthin, wo er hergekommen war? Dieser Gedanke überforderte sie. Sie wehrten ihn kopfschüttelnd ab und beendeten das Gespräch.

Das kulturelle Gedächtnis bewahrt mit Vorliebe die idealisierten, geschönten Seiten der Geschichte, nicht aber die beschämenden. Es neigt zu Entstellungen und Verschiebungen, bewahrt aber selbst in allen Verzerrungen immer noch einen manchmal fast unkenntlichen Rest von historischer, oft sogar erst nachträglich erkannter Wahrheit. Hitler war für sie kein Ausländer, genauso wenig wie sie die Rechtsradikalen in anderen Ländern als Ausländer wahrnahmen, soweit sie die gleiche Hautfarbe hatten und keine Anstalten machten, mit ihnen zu konkurrieren. Sie fühlten sich ihnen sogar näher als mir, weil sie die gleichen ihnen vertrauten Vorurteile, Stereotypien und

Ängste teilten. Von ihren Großeltern hatten sie immer wieder gehört, dass Hitler sich ihrer Probleme angenommen hatte, indem er »Arbeit für alle« geschaffen und jedem das Gefühl gegeben habe dazuzugehören. Allen? Jedem?

In Bezug auf Ausländer sind die Stereotypen Rechtsradikaler international austauschbar:»Sie nehmen uns Arbeit, Wohnung, Frauen weg« steht bildlich für:»Sie bedrohen unsere Existenzgrundlage.« Dass diese Anschuldigungen bei den Jugendlichen auch herhalten mussten, um persönliches Versagen zu kaschieren, war wiederholt zu beobachten. Als Alf zum wiederholten Mal seinen Arbeitsplatz verlor, weil er unentschuldigt nicht zur Arbeit erschienen war, bemerkte der Sozialarbeiter, dem Klischee vorgreifend: »Nun sag bloß nicht, die Ausländer haben Dir Deinen Arbeitsplatz weggenommen.« Dies hieß soviel wie:»Suche nicht die Schuld bei anderen, sondern auch bei Dir selbst.« Ich habe »auch« hinzugesetzt, weil ich weiß, wie leicht in Akademiker- und Mittelstandskreisen übersehen wird, dass der Kampf um die immer knapper werdenden Arbeitsplätze stärker auf den Schultern ungelernter Arbeiter ausgetragen und verschärft wird als auf denen von Akademikern oder Facharbeitern. Man verliert seine Glaubwürdigkeit, wenn man den Jugendlichen jede reale Grundlage für ihre Zukunftsängste abspricht. Wie sollte man sie zu einer differenzierteren Wahrnehmung anleiten, wenn man selbst dazu nicht in der Lage ist?

Dies gilt umso mehr, als sie sich meist in einem Umfeld bewegen, das von Zukunftsängsten, Rivalitäten, Unterlegenheitsgefühlen und entsprechenden Ressentiments beherrscht ist. Die lähmende Angst vor der Ohnmacht bekämpfen sie in Form einer aggressiven Selbstbehauptung, die sie als Defensive interpretieren. In dem ihrer Ansicht nach Schuldigen glauben sie, jemanden gefunden zu haben, an dem man ungestraft seine Wut und seinen Ärger auslassen darf. Tatsächliche oder auch nur phantasierte kulturelle Differenzen heizen die Konflikte an, verleihen ihnen eine größere emotionale Beteiligung und motivieren zu verstärktem Einsatz und Engagement.

Den mitunter diffusen und verwirrenden Vorstellungen rechtsradikaler Gruppen lassen sich gemeinsame Züge entnehmen: Die Einheit der Gruppen muss bekräftigt und unterstrichen werden durch gemeinsame Rituale wie den Einsatz von Fahnen und Symbolen, durch Aufmärsche, Feiern von Gedenktagen und die Verehrung von Führerfiguren, – dies meist, aber nicht nur, in Form von öffentlichen Inszenierungen. Diese haben zum Zweck, propagandistisch die Ideologie an die Öffentlichkeit zu tragen. Kultische Handlungen, die zum Glauben an die Ideologie, zur Hingabe, zu Treue und Verpflichtung zur Selbstaufgabe sowie zum Dienst an der gemeinsamen Sache aufrufen, werden dagegen eher im Kreis der Eingeweihten zelebriert.

Für die rechtsradikalen Jugendlichen schloss der Dienst an der Sache gewaltsame Handlungen bis hin zu Körperverletzung und Tötung ein und ließ diese als moralisch akzeptabel erscheinen. Man konnte an ihnen beobachten: Es gibt keine Tugend, vielleicht außer der Menschenliebe, die nicht auch in den Dienst krimineller Ziele gestellt werden kann. Das Töten selbst konnte – wenigstens verbal – zu einer höheren Pflicht deklariert werden; diese schloss in der Phantasie auch den eigenen Tod ein, vergleichbar dem Tod auf dem Schlachtfeld. Die Belohnung wartete im Jenseits, in »Walhalla«, das einschließlich der Jungfrauen nur denjenigen winkte, die auf dem Schlachtfeld gestorben waren. Deshalb traten Schuldgefühle, Zweifel und Gewissensbisse erst nachträglich auf, wenn etwa ein Aussteiger die Bindung an den Führer oder an die Ideologie aufgab. Ohne die Aufkündigung der Loyalität mündeten Zweifel und deren Unterdrückung im Gegenteil eher in eine Vorwärtsstrategie der Rechthaberei und führten zu einer verstärkten Bindung und zur Abwehr von Scham- und Schuldgefühlen.

In der Rechtfertigung krimineller Handlungen gegenüber Menschen, die ihnen nichts zuleide getan hatten, ihnen unbekannt waren, von ihnen nur wegen ihres Äußeren als Ausländer angesehen und angegriffen wurden, kam das Grundproblem dieser Jugendlichen zum

Ausdruck: die totale Nichtakzeptanz des Fremden oder, wie Axel Honneth es 2005[24] genannt hat, die »Verdinglichung des Anderen«. Dieser »Andere« darf nach Belieben als Projektionsfläche für eigene Zwecke benutzt werden, um Aggressionen, Frustration und Unzufriedenheit ohne Gewissensbisse freien Lauf zu lassen; er darf benutzt werden, als sei er ein lebloses Ding oder eine Puppe als Mittel zum Zweck, um Wut, Ärger und Minderwertigkeitsgefühle abzureagieren. Der Andere ist ein fremdes Gegenüber, das einem in den Gesinnungsgenossen nicht begegnet. Er ist einer, der sich nicht vereinnahmen lässt, der seine Freiheit liebt und sich seine Freiheit und Unabhängigkeit erhalten will. Er sprengt allein durch sein Dasein die gefühlte, gewollte, begehrte, illusionäre Einheit. Er sprengt sie nicht nur, sondern stellt sie fundamental in Frage.

Diese *Verdinglichung des Fremden* setzt drei grundsätzliche Annahmen voraus:

1. Die Überzeugung, ohne Scham- und Schuldgefühle einen anderen benutzen und seine Unterlegenheit ausnutzen zu dürfen, um den eigenen Ärger und die eigene Wut loszuwerden. Von vorneherein, vor allem aber im Moment der Tat, wird verleugnet, dass es sich um Menschen mit den gleichen Rechten auf körperliche und seelische Unversehrtheit handelt, wie der Täter sie für sich selbst in Anspruch nimmt. Dies muss auch geleugnet werden, denn sonst könnte er nicht so handeln. Von symmetrischen Beziehungen, wie Heitmeyer sie zu Recht gefordert hat, kann nicht die Rede sein. Die Verweigerung der Anerkennung des Anderen schließt solche Beziehungen aus. Es findet eine totale Negation des Anderen statt, die *nicht* von persönlichem Hass getragen und motiviert ist.

2. Die Gewissheit, dass dieser Andere nicht zum Kreis der Vertrauten gehört. Er darf z. B. auf keinen Fall der eigenen politischen Gruppe, der eigenen Ethnie, Familie oder Gang angehören. Er darf kein Gesinnungsgenosse sein und muss bereits vor der Tat als Fremder, d. h. als »nicht dazugehörig« definiert worden sein.

3. Die Überzeugung, dass der Andere der Schuldige ist. Er wird

ideologisch zum Angreifer stilisiert und gleichzeitig entpersönlicht als derjenige, der allein durch seine Anwesenheit für die Deutschen eine existenzielle Bedrohung darstellt. Der Andere ist ein verachteter und gleichzeitig in der Phantasie überlegener Gegner, gegen den man sich im Verteidigungs- und Kriegszustand befindet. Der Angriff zielt in der Regel auf eine totale Niederlage des Opfers ab. Es wird zu dem, was es nach der Ideologie des Angreifers vor der Tat noch nicht war, aber nach der Tat sein *muss*: ein lebloses Ding, von dem in Zukunft kein Angriff und damit auch keine Zurückweisung vorheriger oder nachträglicher Projektionen zu erwarten ist. Es wird davon kein Angriff auf das eigene Gewissen und keine Anklage, aber auch kein Angriff auf die leise Stimme der Vernunft ausgehen, die einem sagen könnte, dass man etwas Unrechtes getan hat. Die Angst, dass der Andere zeigen könnte, was man sich selbst nicht eingestehen will, ist offensichtlich. Die rechtsradikalen Täter ahnen, dass der Andere nicht nur zur symbolischen, sondern auch zur realen Verkörperung dessen werden könnte, was sie am meisten fürchten: Das Gewissen und die Vernunft, weil diese den Allmachts- und Größenphantasien der Menschen, seit sie sich ihrer Begrenztheit bewusst geworden sind, generell im Weg stehen.

Warum müssen nicht nur die Taten, sondern auch deren Spuren und die Hinweise auf die Täter verwischt werden? Dies kann ein Indiz auf unterdrückte Reste von Schuldgefühlen sein, oder aber auch einer verstärkten Selbstrechtfertigung im Sinne einer Vorwärtsstrategie dienen:»Wir müssen uns schützen, solange es keine rechtsradikale Justiz gibt, solange wir nicht in unserem Rechtsempfinden bestätigt werden.« Es zeigt sich auch hier wieder, dass rechtsradikale Jugendliche häufig mit einem Bein in ihrer Phantasiewelt stehen und mit dem anderen in der Realität, allerdings in einer Realität, die sie nicht anerkennen, sondern im Sinne ihrer Phantasien verändern möchten. Sie wünschen sich eine Realität, in der sie nicht nur subjektiv Recht haben, sondern auch objektiv von anderen in ihrem Recht bestätigt werden. Sie möchten ihr Weltbild bestätigt sehen. Das zeigt ihre Unsicherheit und Schwäche. Sie brauchen die Verstärkung von außen gegen ihre eigenen Zweifel, gegen ihre eigene Realitätsverleugnung. Diese rechtsradikalen Jugendlichen hatten erhebliche Widerstände zu überwinden, bevor sie sich mit den jämmerlichen und feigen Seiten ihrer »Helden«, die aus Angst vor Rache zitterten oder sich wie Göring im Nürnberger Prozess in lächerlicher Überheblichkeit übten, befassen konnten – »Helden«, die sich fast alle ihrer Verantwortung entzogen hatten, als es ernst wurde.

Dabei hätte sie auch der eigene feige, meist das arglose Opfer überraschende Angriff zum Nachdenken bringen können. Feigheit passte so gar nicht zu ihren Selbstbildern und Heldenphantasien. Deshalb mussten die Taten auch vor der Gruppe »geschönt« und die Tatsituationen verändert werden. Der an den Rollstuhl gefesselte, hilflose Behinderte wurde zu einem mächtigen überlegenen Gegner stilisiert, mit dem man es trotz anfänglicher Unterlegenheit mutig aufgenommen hatte. Die Macht der Lüge war in den verschiedenen Gruppen ständig präsent. Durch die Lüge wurde Gewalt zu Notwehr umetikettiert, wurde das Opfer zum Angreifer gemacht, die eigene Feigheit zu Mut und Tapferkeit stilisiert. Es wurde immer behauptet, dass die Gewalt zuerst vom anderen ausgegangen sei, der angeblich provoziert, gereizt, gekränkt und beleidigt habe. Innerhalb der Gruppe gewannen diese Lügen durch die Akzeptanz der anderen – man hört schließlich, was man hören will, und glaubt, was man glauben will, – den Charakter sozialer Realität. Man konnte beobachten, dass sich die Gruppe, wenn sie sich selbst überlassen war, in eine virtuelle Phantasie-Welt hineinlebte, in der Kritik und Zweifel ausgeschlossen waren und in der die eigenen Geschichten ebenso wie die der anderen eine immer stärkere und buntere Ausschmückung erfuhren. Die Jugendlichen berauschten sich an diesen Geschichten, die ihnen zu Kopf stiegen und den Charakter einer Droge annahmen, die süchtig machte. Oft spielte dabei zusätzlich Alkohol eine Rolle, aber eine tatsächliche Distanzierung fand auch im nüchternen Zustand nicht statt. Das ist insofern verständlich, als sie sich nie weiter von ihren Heldenidealen und -vorbildern entfernt hatten als im Moment des hinterhältigen, unvermuteten Überfalls, als das Opfer überrascht und gelähmt war, bevor es überhaupt eine Initiative zur Gegenwehr entwickeln konnte. Die Abwertung und Ausgrenzung einer gesamten Bevölkerungsgruppe – seien es Ausländer, Juden, Homosexuelle oder Behinderte – ist mit einer demokratischen Verfassung nicht zu vereinen. Deshalb richtete sich der Angriff auch generell gegen eine demokratische politische Ordnung. Dennoch war dies kein Hinderungsgrund, die Vorteile der Demokratie strategisch für die eigenen Ziele und selbstsüchtigen Zwecke zu nutzen.

Bei einem vernichtenden Angriff auf ein äußeres Objekt, weil man mit sich selbst nicht klar kommt, steht das Missverständnis Pate, man könne, indem man sich an einem anderen abreagiert, mit sich selbst ins Reine kommen und sich in Zukunft Frustrationen, Unzufriedenheit, fehlendes Selbstbewusstsein und Leere ersparen. Zwar stellt sich nach der Tat zweifellos vorübergehend eine gewisse Erleichterung ein, doch ist diese nicht von Dauer, da sich an den Ursachen der Missempfindungen nichts ändert. Der Schriftsteller Heimito von Doderer spricht von Menschen, die »aufgrund einer irreparablen falschen Bilanz mit sich im Reinen« sind.[25] Im Reinen waren diese Jugendlichen trotz aller Anstrengungen der Verleugnung, Projektion und des Selbstbetrugs keineswegs auf Dauer mit sich, auch nicht nach der Tat, weil die Frustration und Unzufriedenheit immer wiederkehrte, solange die wahren Quellen nicht geortet waren. Sie blieben frustriert, solange nicht klar war, was sich an ihrer sozialen Situation und bei ihnen selbst ändern müsste, damit sie mit sich und ihrem Leben zufrieden sein konnten. Immer wieder versuchten sie, auf Kosten ihrer Opfer die eigenen Bilanzen zu fälschen und zu schönen, um mit sich ins Reine zu kommen. Insofern hatten ihre Vorurteile eine wichtige ökonomische Funktion, wie der Sozialwissenschaftler Adorno schon 1973[26] festgestellt hat.

Um diese Funktion zu verstehen ist eine Rückbesinnung auf die perfekte weiße Wand nötig: Diese Wand, verstanden als Projektion ihrer Wünsche und Sehnsüchte nach Perfektion, Vollkommenheit und Makellosigkeit, ist unter psychoanalytischen Gesichtspunkten das unerreichbare Ideal eines paradiesischen Zustandes, in dem die Welt erst dann perfekt und in Ordnung ist, wenn alles Störende endgültig beseitigt ist. Diese regressiven Sehnsüchte, die man hinter der martialischen Fassade der Jugendlichen nicht vermutet, standen Pate bei ihren Verleugnungen. Es handelte sich psychoanalytisch gesprochen um Sehnsüchte nach einer regressiven Rückkehr in den Mutterleib, wo die Welt nach dem Lustprinzip organisiert in Ordnung war, eine Welt vor der Vertreibung aus dem Paradies und vor der Selbsterkenntnis, ein mit Mängeln behaftetes Wesen zu sein. Dieser paradiesische Zustand wurde zeitweise im Alkoholrausch ziemlich offen gesucht und erlebt. Vorübergehend waren die Jugendlichen mit sich und der Welt im Reinen, wenn die letzten störenden Reste von Realitätswahrnehmung und Gewissen zum Schweigen gebracht waren; mitunter gelang ihnen dies auch durch eine – gemessen an ihrem Alter – allzu enge Anbindung an die verwöhnenden und die Regression unterstützenden Mütter, für die sie trotz ihrer Gewaltkriminalität »Kinder« blieben. Eine ähnlich mütterliche Rolle hatten manchmal auch die Mädchen übernommen und sich damit den unbewussten Wünschen der Jungen angepasst, was ihnen im Übrigen nicht wirklich gedankt wurde. Denn die Jungen spürten, dass diese regressiven Sehnsüchte gleichzeitig auch die Quelle ihrer Frustration und Unzufriedenheit waren, und dass diese Form der Unterstützung sie nicht aus der Sackgasse der Sehnsucht nach einer Rückkehr ins Paradies ihrer Kindheit führen konnte, als die Welt noch in Ordnung zu sein schien. Solange sie sich diese Wünsche nicht bewusst machten und sie aufgaben, befanden sie sich real in einer schwierigen, nahezu ausweglosen inneren Situation. Erst die Anerkennung der Realität, dass sie ohne eigene Anstrengung und ohne eigenen Einsatz keine Aussicht auf eine Arbeit oder Lehrstelle hatten, oder dass sie, wenn sie es doch geschafft hatten, immer wieder mit alltäglichem Ärger, Kritik und Unzufriedenheit konfrontiert wurden, hätte ihnen diesen Ausweg bereiten können. Sie mussten lernen anzuerkennen, dass das Leben jenseits des Paradieses ist, wie es ist, und dass ihnen nichts anderes blieb, als es mit diesem Leben aufzunehmen. Solange sie sich weder mit sich noch mit ihrer sozialen Situation so wie sie war anfreundeten, konnten sie ihre gesunden Kräfte, auch ihr aggressives Potenzial, nicht nutzen, um an ihrer Lebenssituation konstruktiv und kreativ etwas zu ändern.

Ihren illusionären Wünschen kamen die Initiativen von rechten Parteien oder Gruppierungen entgegen, die sich die Träume der Jugendlichen zunutze machten und sich anbiederten, ihnen bei der Lösung ihrer Probleme behilflich zu sein. Mitunter boten sie auch tatsächlich kameradschaftliche Hilfe an um den Preis der solidarischen politischen Unterstützung bei ihrem utopischen Kampf um die Rettung der angeblich von Überfremdung bedrohten gegenwärtigen Gesellschaft. Sie traten an mit dem Heilsversprechen einer zukünftigen Gesellschaft, in der alle Probleme gelöst sind.

Warum konnten sich die Jugendlichen mit den Fremden, den Anderen, nicht anfreunden anstatt sie zu bekämpfen? Warum nicht mit Behinderten? Sie erlebten sie offensichtlich als Bedrohung, da sie ihnen die Möglichkeit vor Augen führten, selbst behindert, auf Hilfe angewiesen und nicht omnipotent zu sein. Warum nicht mit Ausländern? Fürchteten sie deren Konkurrenz, weil sie sie ihre Schwäche und Unterlegenheit spüren ließen? Warum nicht mit Intellektuellen? Fürchteten sie die geistige Überlegenheit? Warum bekämpften sie Juden? Weil diese wie kein anderes Volk ihre Gruppenidentität durch ihr religiöses Selbstverständnis begründeten und die moralische Verantwortung jedes Einzelnen für sein Tun akzeptierten, indem sie die Vertreibung aus dem Paradies als Realität anerkannt hatten? Die politischen Gegner waren ihnen an Fähigkeiten zur Kompromissbildung und realitätsgerechten Lösungen überlegen.

Die Welt, in die sie hineingeboren waren, passte sich ihren Vorstellungen und Phantasien nicht an. Was war in der Entwicklung der Jugendlichen schief gelaufen?

Der familiäre Hintergrund der Jugendlichen

Es ist viel zu wenig im Bewusstsein, dass gerade randständige oder wenig selbstbewusste Jugendliche willkommene Opfer und Ansprechpartner einer rechtsradikalen Propaganda sind, weil der Boden dafür oft bereits in den Familien bereitet worden ist. Wenn es nicht gelingt, diese Jugendlichen aktiv in ein weltoffenes, modernes Deutschland einzubinden, indem man ihnen konkrete Aufgaben und Möglichkeiten überträgt, ihre Fähigkeiten einzubringen, ist die Gefahr groß, dass sie zu den falschen »Ersatzeltern« in Gestalt demagogischer Führern greifen.

Wenn die Väter der Jugendlichen nicht aufgrund von Scheidung, Tod oder Trennung abwesend waren, so waren sie häufig depressiv mit sich selbst beschäftigt, mit ihren eigenen selbst gemachten oder von außen produzierten Problemen – meist einer Mischung – oder mit ihrem Hobby. Sie waren, wenn überhaupt vorhanden, arbeitslos, mutlos, alkoholabhängig.

In die Bresche waren häufig die Großeltern gesprungen, vor allem die Großväter an Stelle der Väter, auf deren Äußerungen sich die Jugendlichen teils auch beriefen, wenn sie ihre Vorstellungen über Fremde, Ausländer und Juden zum Ausdruck brachten. Die Bedeutung der familiären Überlieferung war nicht zu unterschätzen, da diese von früher Jugend an das Weltbild der Kinder geprägt hatte und die starke emotionale Bindung – insbesondere an die Großeltern als Ersatz für die berufstätigen Eltern – eine Identifikation und Übernahme erleichterte. »Meine Oma hat gesagt …«, »Mein Opa hat gesagt …« – das sind überraschende und ungewohnte Wendungen aus dem Mund von Sechzehn- bis Achtzehnjährigen.

Als wir im Gespräch kritisch auf ihre idealisierenden Vorstellungen über das Alltagsleben in der NS-Zeit eingingen, sprang einer der Jungen auf und rief:»Wer hier etwas Schlechtes über meinen Großvater sagt, den bring ich um!«Von seinem Großvater war gar nicht die Rede gewesen. Seine eigene innere Stimme hatte ihm gesagt, dass der Großvater mit seinen Erzählungen aus der NS-Zeit kritisch angesprochen war. Die Stimme der Kritik kam nicht von außen, sondern von innen. Er spaltete diese innere Stimme ab, projizierte sie in uns hinein und identifizierte uns mit ihr, weil sie ihn unerträglichen inneren Spannungen aussetzte.»Mein lieber Großvater – ein Lügner?« Der Mensch, dem er bislang vielleicht am meisten vertraut hatte und dem er so viel verdankte, weil er sich um ihn gekümmert hatte – ein Betrüger? Die Spannung, die dieses Gespräch in ihm auslöste, konnte er nur durch eine vorübergehende Flucht aus der Diskussionsrunde bewältigen.

Wir, die Sozialarbeiter und ich, wussten anfänglich nicht, wie empfindlich und verletzlich diese Jugendlichen auf kritische Fragen und Hinweise zu ihren Vorbildern reagierten. Uns war nicht klar, dass wir uns in einem»verminten Gelände« bewegten und mit unseren Informationen nachträglich Wunden schufen, die schmerzhaft und schwer zu verarbeiten waren. Im Laufe der Zeit wurden wir durch unsere Erfahrungen mit ihnen vorsichtiger und behutsamer. Zwar hatten wir es ihnen nie vorenthalten, wenn wir anderer Meinung waren als sie und uns die inzwischen durch die historischen Forschungen belegten Tatsachen über die NS-Zeit Recht gaben. Auch hatten wir ihnen mitgeteilt, dass wir ihnen das Dokumentationsmaterial zugänglich machen und sie sich selbst informieren könnten, wenn sie wissen wollten, wie es damals wirklich gewesen war. Aber wir überließen es ihnen, zu entscheiden, wann sie von diesem Angebot Gebrauch machen wollten. Sie nutzten es, wenn sie sich innerlich dazu bereit fühlten, die Wahrheit nicht nur zu schlucken, sondern auch zu verdauen. Das dauerte mitunter nur ein paar Tage, mitunter auch Wochen und Monate.

Wir konnten das Phänomen der *Transposition* oder des *Telesko-*

ping beobachten, wie es in der Wissenschaft heißt. Dieses Phänomen ist aus der Forschung über die Auswirkungen des Holocaust auf die zweite Generation der Opfer bekannt und wurde von der New Yorker Psychoanalytikerin und Holocaustforscherin Judith Kestenberg 1992[27] beschrieben und auch von anderen Forschern beobachtet.[28] Es bedeutet, dass die Generationen trotz unterschiedlicher historischer Lebenszeiträume in einer imaginären gemeinsamen vergangenen Welt leben, deren Schatten bis in die Gegenwart reichen. Die Generationen sind nicht voneinander getrennt durch unterschiedliche Lebenserfahrungen und Lebensbedingungen, sondern stecken teleskopartig ineinander. Die nachfolgende Kinder- oder Enkel-Generation lebt und agiert partiell die Probleme der älteren Generation und die einer vergangenen Zeit aus. Sie bringt auf diese Weise die Verletzungen, Probleme und ungelösten Konflikte der vorangegangenen Generation zum Ausdruck.

Ein ungelöstes und unbearbeitetes Problem der Großeltern war, dass diese nach ihrem zweifellos subjektiv persönlichen Engagement und Einsatz in der NS-Zeit die Niederlage 1945 und die Nachkriegsentwicklung in Deutschland vor und nach der Wende zum Teil mit Hass und Ressentiments erlebt hatten, mit Gefühlen, die sie zunächst unterdrückt und verdrängt, dann in einer Wiederkehr des Verdrängten über ihre Enkelkinder zum Ausdruck gebracht hatten. Die Enkelkinder waren das Ventil und Sprachrohr der Großeltern.

Zum Ausdruck kam, vermittelt über die Enkelkinder, ein Hass, der wahrgenommen hatte, aber dennoch nicht wahrhaben wollte, was nicht wahr sein durfte: dass nämlich die unbestreitbaren persönlichen und familiären Opfer, der Einsatz, die Disziplin und die Unterwerfung einer nicht nur verbrecherischen, sondern auch erfolglosen politischen Führung gedient hatten, deren Destruktivität nicht nur auf Juden, Sinti und Roma, auf Kriegsgefangene und politische Gegner zielte, sondern auch auf die, die ihre treuen, wissenden oder unwissenden bzw. mehr oder weniger wissenden Gefolgsleute waren. Die totale materielle und moralische Niederlage war – wenigstens familiär – nicht geschluckt und verarbeitet worden. Sie wurde verleugnet und ins Gegenteil verkehrt, indem aus der Niederlage ein Erfolg gemacht wurde, so z. B. in der Formulierung:»eine ehrenvolle Niederlage gegen eine Welt von Feinden«. Wenigstens die Ehre wurde aus der Konkursmasse gerettet. Anscheinend waren die Großeltern ihren Gefühlen der Enttäuschung, der Wut, des Hasses, der Desillusionierung und Entwertung nicht gewachsen. So wie die Führer selbst sich durch Selbstmord oder Flucht aus dem Staub gemacht und ihrer Verantwortung entzogen hatten und sie selbst im Stich gelassene Opfer waren, so wurde auch der eigene Anteil an der Verführung oder den Verbrechen nie zugegeben und aufgearbeitet. Man entzog sich selbst moralisch der Verantwortung und war insofern Mit-Täter – ein, wie inzwischen bekannt ist, gesamtdeutsches Phänomen.

Zu der militärischen kam die moralische Niederlage, gegen die sich viele in einer Art trotziger Selbstbehauptung zur Wehr setzten. So konnte man, wenn man den Jugendlichen zuhörte, ihre Großeltern sprechen hören: Sie behaupteten, dass es Auschwitz nie gegeben habe, oder wenn doch, so sei die Zahl der Opfer von den Juden übertrieben worden, um Geld aus den Deutschen herauszupressen. Die Gaskammern seien eine Erfindung der jüdischen Internationalen und dergleichen mehr.

Das Groteske, aber keineswegs Verwunderliche war, dass diese großelterlichen Reden und Erzählungen von den Kindern angereichert und bebildert worden waren mit ihren kindlichen Phantasievorstellungen, die zum Teil auf noch groteskere hinausliefen. Sie stellten sich ein Vernichtungslager, z. B. Auschwitz, wie ein Ferienlager vor, in dem man vom Lagerleiter freundlich begrüßt und mit allen Einrichtungen – einschließlich der Gaskammern (!) – vertraut gemacht wurde. Eine absurde Vorstellung, die aber auch zeigte, dass das Erschrecken über die Grausamkeiten und die Verbrechen emotional nicht überliefert worden war, entweder weil die Großeltern sich selbst dagegen gepanzert hatten und es nicht an sich heranließen, oder weil sie dissoziativ die affektive Seite der Verbrechen abgespalten hatten und damit den Kindern, ohne dass diese es merkten und vielleicht auch selbst unbewusst, das Hauptproblem des amtlichen Verbrechertums der Nazis nackt und unfrisiert überlieferten: nämlich, dass Menschen wie industrielle Maschinen unberührt und gefühllos, programmgemäß und perfekt geplant, nach einer allen bekannten Strategie unschuldige Mitmenschen ermordeten, als sei es das Selbstverständlichste der Welt. Kein Wunder, dass das nachgeholte und angesichts der Tatsachen unvermeidliche Erschrecken einige Jugendliche in eine Krise stürzte. Eine illusionäre Phantasiewelt brach zusammen und damit auch das Vertrauen, das sie in ihre Großeltern gesetzt hatten.

Dass die familiäre Überlieferung und die familiären Mythen sich aufgrund ihrer stärkeren emotionalen Verankerung einer Aufklärung durch Schule und Medien erfolgreich widersetzt hatten, hätten Pädagogen längst wissen können, wenn sie, anstatt in die Schülerköpfe Wissen hineinzustopfen, sich erst einmal vergewissert hätten, was in diesen Köpfen bereits drinsteckte. Oder mit anderen Worten, wenn sie die Schüler dort historisch abgeholt hätten, wo sie standen. Wenn wir mit ihnen ins Gespräch kommen wollten, blieb uns kein anderer Weg.

Peter

In Bezug auf den familiären Hintergrund der Jugendlichen geht es mir nicht darum, wie die Väter und Mütter tatsächlich waren oder gar, wie sie sich selbst verstanden haben, sondern darum, wie sie von ihren Söhnen und Töchtern erlebt wurden und welche inneren Bilder sie hinterlassen hatten. Diese Bilder wirkten auch dann fort, wenn die Beziehungen äußerlich gelöst waren. Es gab Beschreibungen von autoritären Eltern, die keine andere Meinung gelten ließen, immer in der selbstverständlichen Überzeugung, das Beste für ihr

Kind zu wollen, und in der falschen Annahme, auch immer erkennen zu können, was das Beste für ihr Kind war.

Peter, in einem politisch linken Milieu aufgewachsen, machte dieses Spiel jahrelang gehorsam mit, bis er in der Adoleszenz aus der familiären Inszenierung ausbrach und sich radikal anders profilierte. Der Sohn linker Eltern ein Rechtsradikaler? Für die Eltern blieb diese Entwicklung absolut unverständlich und deshalb suchten sie die Ursache dafür auch nicht bei sich selbst. Die Entwicklung ihres Sohnes hatte nach ihrem Verständnis nichts mit ihnen zu tun, obwohl der Junge spiegelbildlich zeigte, was er bei seinen Eltern beobachtet und erfahren hatte: Er ließ keine andere Meinung gelten und beanspruchte in einem mitunter verzweifelt anmutenden Versuch, sich von der Vereinnahmung durch die Eltern abzugrenzen und seine Unabhängigkeit zu behaupten, ebenfalls, die Wahrheit für sich gepachtet zu haben. Zweifellos bot ihm die Ideologie und die Stärkung durch die Gruppe die geeignete Munition, um sich gegen die Eltern in Stellung zu bringen. Er übertrug seine Elternbeziehungen auf andere Autoritätsfiguren wie Lehrer, Polizisten und Arbeitgeber, mit denen er ebenfalls nach kürzester Zeit im Clinch lag, oder er verschob seine Wut auf Schwächere, um aus der Position der Ohnmacht und Unterlegenheit wenigstens vorübergehend in die des Stärkeren und Überlegenen wechseln zu können.

Peter tat sich am schwersten mit einer kritischen Auseinandersetzung mit der Ideologie. Seinen Eltern äußerlich gesehen so unähnlich, glich er ihnen doch in seiner autoritären Struktur und war nicht bereit, sich selbst kritisch zu hinterfragen. Er erlebte Nachgeben offensichtlich als Schwäche und empfand es als einen rechthaberischen Triumph des Gegners, wenn er einen Fehler oder Irrtum zugeben musste. Sein Gefühl für Autonomie und damit sein Stolz und sein Selbstbewusstsein waren mit der Ideologie verknüpft. Bewusst und unbewusst befand er sich in einem während meiner Beobachtungszeit nicht beendeten Clinch mit seinen Eltern, den er – wenn man seinen Phantasien folgte – durch den Tod auf dem Schlachtfeld besiegeln wollte. Ganz so, als könne er sich erst durch den Tod innerlich befreien und danach ein neues, endlich autonomes eigenes Leben beginnen. Er verteidigte vehement seinen Glauben an einen Einzug in Walhalla nach einem ehrenvollen Tod auf dem Schlachtfeld, wo die Jungfrauen als Siegerpreis auf ihn warteten. Diese Vorstellung schien mit einem sexuell erfüllten Leben hier unvereinbar und enthielt – psychoanalytisch gesprochen – auch ein Körnchen Wahrheit/Hoffnung: Peter musste noch einmal »wiedergeboren« werden und eine zweite Abnabelung vollziehen, um autonom zu werden. Die Chance, auf dieser Welt nach dieser Kindheit unter diesen Eltern erwachsen zu werden und ein unabhängiges Leben zu führen, war – so schien er sagen zu wollen – endgültig vertan.

Peter war auf seine Weise und ohne es zu wissen überaus mit den Eltern identifiziert, glich ihnen in seiner Radikalität, in der fehlenden Dialogbereitschaft, in seiner überheblichen Annahme, die Wahrheit für sich gepachtet zu haben, und in der Schwäche, sich auf andere Sichtweisen nicht einlassen zu können.

Detlef

Der Verlust des Vaters durch die Scheidung der Eltern, als er acht Jahre alt war, hatte Detlef traumatisiert. Schlimm für ihn war nicht die Trennung als solche, sondern der Krieg, den die Mutter in der Folgezeit gegen den Vater führte. Sie führte ein strenges Regiment zu Hause, hatte das alleinige Sorgerecht und diktierte nicht nur die Besuchsregelung, sondern auch die Bewertung dessen, was der Vater dem Jungen bedeutet hatte und ihm in Zukunft hätte geben können. Als Detlef im Gespräch ansetzen wollte, über seine frühen guten Erfahrungen mit dem Vater bei einem gemeinsamen Jahrmarktbesuch zu berichten, unterbrach ihn die Mutter rigoros und verkündete im Pluralis majestatis »Männer brauchen wir nicht …« Anstatt sich dagegen aufzulehnen und zur Wehr zu setzen, verstummte Detlef. Er hatte sich schon seit langem zurückgezogen und sich seine Phantasiewelten gebaut, die eindeutig männlich dominierte Welten waren, in denen Frauen keine Rolle spielten, und die dennoch den fehlenden Vater nicht ersetzen konnten. In diesen Phantasien tauchten, quasi spielerisch, wieder die untergegangenen Welten seiner Kindheit auf, die Jahrmarktsbesuche, die Schießbuden, die Kameradschaft unter Männern und die Männerbündeleien. Und Frauen? Sie spielten allenfalls im Jenseits schemenhaft eine Rolle, wenn man aus dem männlich geprägten, freudig erregten Schlachtgetümmel nach Walhalla einzog. Die diesseitige Welt war in der Phantasie eine von Männern gestaltete und beherrschte, sie war das Gegenbild zu der von der Mutter beherrschten Familienwelt. Die Ablehnung des Fremden, des Anderen und des anderen Geschlechts hatte er am eigenen Leibe erfahren. Die Mutter hasste Männer und machte aus ihrem Hass auch keinen Hehl. Was auch immer der Grund dieses Hasses war, er wurde ungefiltert und unreflektiert ausagiert und konnte auch den Sohn treffen, wenn er sich in ihr Schussfeld wagte und sich zu seiner Liebe zum verlorenen Vater bekannte. Die Entwicklung dieser Hassbeziehung war leicht nachzuvollziehen: Einerseits war die Unterwerfung des Jungen unverkennbar, andererseits verstärkte diese auch den Hass, der neben dem Hass auf das »Andere« – die Mutter – auch Selbsthass und Selbstverachtung enthielt. Nie hatte er seine Mutter offen und direkt angegriffen. Ihre Macht und Selbstherrlichkeit hatte er nie infrage gestellt. Aber seine Unterwerfung hatte ihren Preis, und den zahlten andere, die zur Zielscheibe des Hasses wurden, wenn Detlef sich bei einem geringfügigen Anlass durch eine banale Äußerung gereizt und angegriffen fühlte. Es wurde im Gespräch klar, dass ihn nicht interessierte, wie die Wikinger, die er so bewunderte, tatsächlich gelebt hatten, soweit man darüber etwas in Erfahrung bringen konnte. Sie waren nur die Folie, auf der er seine kindlichen Träume und Sehnsüchte zum Ausdruck brachte, anknüpfend an eine graue Vorzeit, als – wenigstens für ihn – die Welt mit dem Vater noch in Ordnung war. Detlef war dem Kampf mit der sehr aggressiven, Männer hassenden Mutter und dem Verlust des Vaters im Alter von acht Jahren nicht gewachsen. Die Mutter hatte das Sorgerecht für die Kinder an sich gerissen, das ihr der Vater anscheinend auch kampflos überlassen hatte. Kinder mit nur einem Elternteil haben häufig das Problem, dass sie sich wegen ihrer massiven Verlustängste nicht aggressiv mit diesem auseinandersetzen können. Ihre Verlustängste werden durch die fehlende Alternative verstärkt. Detlefs Mutter, selbst ausländerfeindlich eingestellt, hätte es nicht verstanden, wenn ihr Sohn sich einer linken Gruppe angeschlossen hätte. Doch diese Gefahr war gar nicht gegeben. Detlef hatte viel zu viel Angst davor, sich sowohl vor der äußeren als auch vor der verinnerlichten Mutter zu distanzieren. Dennoch war es gerade seine Mutter, die ein wichtiges Problem ansprach: dass nämlich diese Jungen sich nutzlos und überflüssig fühlten, weil sie nirgendwo gebraucht würden. Dies sei – und damit hatte sie Recht – in der ehemaligen DDR nicht vorgekommen. Die Mutter machte auch den Eindruck, als sei ihr im Leben nichts geschenkt und sie psychisch tief verletzt worden. Möglicherweise hatte sie ihre seelischen Wunden auch durch Männer erlitten und sich dadurch innerlich verhärtet. Detlef hatte keine Möglichkeit, sich neben dieser alles beherrschenden Mutter als selbstständiger Junge geschweige denn als heranwachsender Mann zu profilieren. Dazu fehlten ihm der Mut und die Unabhängigkeit.

Von seiner Mutter war zu hören, dass die Entwertung der Ausländer mit einer explizit ausgesprochenen Selbstidealisierung einherging. Auch sie projizierte: »Der Deutsche ist, will ich mal sagen, der arbeitsamste, fleißigste auf der ganzen Welt, was der allet geschafft hat.« Dieselben Abwehrmechanismen nutzte auch Detlef und identifizierte sich mit ihnen. Er war auf der Suche nach Männlichkeit, meinte diese in der Gruppe zu finden und fand doch nur die pervertierte Form, die ihn letztlich, wie fast alle Männer, auch der Verachtung der Mutter hätte ausliefern müssen, wenn sie in der Lage gewesen wäre, seine Schwächen zu erkennen.

Michael

Ganz anders lag das Problem bei Michael, einem motorisch sehr umtriebigen, auf seine Art auch lebendigen Jungen. Michael war kein Bastler, kein Tüftler, aber Kind eines heimwerkenden Vaters. Die beiden hatten seit Michaels Kindertagen nie zueinander gefunden. Offensichtlich hatte der Vater den falschen Sohn, und der Sohn den falschen Vater. Kinder suchen sich ihre Eltern nicht aus, aber Eltern auch nicht ihre Kinder. Was sie jedoch beide, Vater und Sohn, auszeichnete, war die fehlende Kompromissbereitschaft, das fehlende Entgegenkommen, der mangelnde Wunsch und Antrieb eine Brücke zu bauen zwischen zwei so unterschiedlichen Mentalitäten. Michael reagierte auf seinen Vater mit aggressiver Ablehnung. »Schon mit vier Jahren war es so: Er baute die Flugzeuge, ich schoss sie ab.« Es ist nicht entscheidend, ob Michael die Flugzeuge tatsächlich oder in der Phantasie abschoss. Wichtig ist, dass in dieser Äußerung sein Hass auf den Vater zum Ausdruck kam. Ein Hass, den er bereits in seine Kindheit datierte und der sich auch in der Adoleszenz nicht gelegt hatte. Die Mutter bestätigte, dass der Vater sich aus der Erziehung völlig zurückgezogen hatte. Auch Michaels ständige Provokationen durch Schuleschwänzen, Diebstähle, Überfälle und Körperverletzung, die häufig auf der Polizeiwache und vor dem Jugendgericht endeten, hatten zu keiner Änderung geführt. Die Mutter fühlte sich hilflos und überfordert und versuchte resigniert und ebenso ratlos durch Verwöhnen mit ihrem Sohn in Kontakt zu bleiben.

Auch bei Michael war der Großvater in die Bresche gesprungen. Er hatte sich des Jungen angenommen und mit ihm gespielt, ihn aber auch mit NS-Ideologie, Fremdenhass und faszinierenden Heldengeschichten aus dem Zweiten Weltkrieg vergiftet. Er fand in Michael einen willigen und unkritischen Zuhörer, der sich an diesen Geschichten berauschte und davon träumte, auch in einer so großartigen Zeit gelebt zu haben. Von seinem Großvater war Michael benutzt worden und wusste es nicht. Er war mit Größenphantasien gefüttert worden, die er auch bereitwillig aufgenommen und in sein Selbstbild integriert hatte. Die Widersprüchlichkeit, dass er als Krimineller möglicherweise das Schicksal anderer Gewohnheitsverbrecher – er war mehrfach vorbestraft – hätte erleiden, also auch ein Opfer des Nationalsozialismus hätte werden können, kam ihm nicht in den Sinn. Vielmehr billigte und unterstützte sein Großvater sogar seine rechtsradikalen Gewalttaten. Michael führte aus, was der Großvater dachte. Das brachte ihm die Anerkennung ein, nach der er so ausgehungert war, und führte zu einer so intensiven Bindung, dass er bereit war,»jeden umzubringen«, der Kritik an der NS-Zeit und damit in seinen Augen auch am Großvater äußerte. Michael ist jener bereits beschriebene Jugendliche, der die Gruppe während unserer Diskussion verließ. Mit unserer Kritik am Nationalsozialismus hatten wir, ohne es zu wissen, bei diesem Jungen etwas emotional Fundamentales angesprochen. Er wehrte sich gegen diese Desillusionierung seines Bildes vom Großvater mit allen Kräften, zum einen, weil dieser seine engste Bezugsperson war, zum anderen, weil es auch um ihn, um sein Selbstverständnis, seine Enttäuschung und seine Scham ging. Der einzige Mann, dem er vertraut hatte, sollte ein Lügner und Betrüger sein? Das konnte, das durfte nicht wahr sein.

Dabei war von seinem Großvater gar nicht die Rede gewesen. Er selbst hatte diese Verbindung gezogen und richtig empfunden, dass Äußerungen gegen die Ideologie des Großvaters gefallen waren. Da er damit nicht umgehen konnte, projizierte er seinen inneren Konflikt nach außen. Nicht in ihm hatte eine innere Stimme gegen den Großvater gesprochen, sondern jemand aus der Gruppe. Und diese Person musste zum Schweigen gebracht werden, so wie er seine innere Stimme zum Schweigen bringen musste. Denn für Michael stand wesentlich mehr auf dem Spiel als die Korrektur eines historischen Irrtums: Der Mensch, dem er am meisten vertraut hatte, der sich um ihn gekümmert hatte, der zu ihm gehalten und seinen »Vaterhunger«, wie der amerikanische Kinder-Psychoanalytiker James Herzog es 1980[29] bezeichnet hat, befriedigt hatte, sollte ein

Lügner und ein Betrüger sein? Gegen diese Erkenntnis, die außerordentlich schmerzhaft war, mobilisierte Michael seine ganze Abwehr. Innerlich hatte er wahrgenommen, dass es in unserer Diskussion auch (!) um seinen Großvater ging. Doch das durfte nicht wahr sein, weil es ihn zutiefst verletzte. Gegen weitere Verletzungen schirmte er sich ab, indem er zunächst das Gespräch abbrach. »Da ist etwas kaputtgegangen an den Wurzeln«, so hatte es eine Studentin in Hinblick auf ihre Großeltern formuliert, als sie nicht nur intellektuell, sondern auch emotional nachträglich auf die verleugnenden und irreführenden Erzählungen der Großeltern reagierte.

Größenphantasien wurden bei Michael zudem noch durch die unermüdliche Fürsorge und unendliche Geduld der Mutter gefördert. Nichts, weder Körperverletzung noch versuchte Totschlagsdelikte konnte ihre Mutterliebe ernsthaft gefährden. Konfrontation, wenn überhaupt, war nur außerhalb der Familie möglich und auch nur dann, wenn der Junge zum äußersten Mittel der Provokation griff. Die gemeinsame Verleugnung der Gefährdung – Michael befand sich eindeutig auf der schiefen Bahn – aber auch die Verleugnung von Scham- und Schuldgefühlen war das Reaktionsmuster, mit dem diese Familie lebte. Die Opfer hatten in den gemeinsamen Erzählungen von Mutter und Sohn keinen Platz und keine Stimme. Schamgefühl in Form einer leichte Röte kam nur auf, als die Mutter ihren großgewachsenen Achtzehnjährigen zärtlich mit den Worten »Kind bleibt Kind« tätschelte.

Ähnliche Empfindlichkeiten und Verletzungen berichteten in Interviews auch Studentinnen und Studenten, die in der Bundesrepublik aufgewachsen waren. Die nationalsozialistische Vergangenheit, mitunter auch die unkorrigiert beibehaltene Ideologie einschließlich einiger NS-Rituale (so etwa der in der Familie nach 1945 noch übliche Hitler-Gruß), prägten, ohne dass es den Kindern zunächst bewusst war, die Beziehungen. Ein Student, dessen Vater wegen Verbrechen gegen die Menschlichkeit hingerichtet worden war, wurde als Kind mit seinen Geschwistern von der Mutter regelmäßig zu Weihnachten zu den Heimkehrertransporten geschickt, um den eventuell aus der Kriegsgefangenschaft zurückkehrenden Vater zu begrüßen. Ein Platz am Weihnachtstisch war zu Haus jahrelang für ihn reserviert. Was erlebten diese Kinder, wenn sie plötzlich die Wahrheit erfuhren, und zwar nicht nur über den Vater, sondern auch über die Mutter, die wider besseres Wissen jahrelang Illusionen genährt und ihnen etwas vorgespielt hatte? Sie wurden traumatisiert. Nicht nur ihr Vertrauen in andere wurde grundsätzlich infrage gestellt, sondern auch ihr Vertrauen in sich selbst, Lüge und Betrug erkennen und durchschauen zu können. Wollten sie sich täuschen lassen, und wenn ja, hatten sie dann nicht auch eigene Gründe, die Wahrheit nicht wissen, nicht sehen zu wollen?

Einige von ihnen verharrten auch nach der Desillusionierung in trotziger Selbstbehauptung in ihren Illusionen und bauten sich ideologische Brücken, in denen die Väter als Opfer erschienen. Andere misstrauten grundsätzlich jeder vertrauensvollen Bindung. Selbst bei einer bewussten Verurteilung und Ablehnung der NS-Ideologie, konnten sie unbewusst dennoch teilhaben an rassen- und erbbiologischen Überzeugungen, die sich negativ gegen sie selbst wendeten: So existierten Befürchtungen, es gebe ein Gen, das der Vater vererbt haben könnte, ein »Mörder-Gen«, das man an die eigenen Kinder weitergeben könne. War es deshalb besser, keine Kinder zu bekommen?

In ihrem Buch *Die Unfähigkeit zu trauern* zeigen die Psychoanalytiker und Sozialforscher Alexander und Margarete Mitscherlich[30] viele Beispiele, die diese These belegen. Aber es gibt auch andere Beobachtungen. Interviews mit einem fremden Interviewer schaffen mitunter eine intimere Atmosphäre als Gespräche mit einem Freund oder Bekannten. Über seine Erfahrungen in der Kriegs- und Nachkriegszeit erzählte ein ehemaliger SS-Mann anlässlich eines Interviews in Berlin in den neunziger Jahren, dass er die verwundeten Kameraden nach ihren Müttern habe weinen hören. Sie zeigten Hilflosigkeit und Ohnmacht angesichts von Verwundung und Tod und offenbarten damit die andere, abgewehrte Seite der »Helden«. Darüber hatte der SS-Mann in der Öffentlichkeit zuvor nie gesprochen, es entsprach nicht seinem früheren Selbstbild. Es wurde in der Öffentlichkeit seines Kameraden- und Sympathisantenkreises auch nicht erwartet, dass er daran etwas korrigierte. Ein anderer SS-Mann, der sein einziges schwer behindertes Kind verleugnet und damit der Euthanasie ausgeliefert hatte, sagte unter Tränen: »Der einzige Mensch, der mich hätte lieben können.« Trotz einer Beimischung von Selbstmitleid war die Trauer unverkennbar. Wären *diese* Männer Vorbilder für die Jugendlichen gewesen? Die Jugendlichen hatten wie diese, das war immer wieder zu beobachten, große Ängste, ihre sensiblen und verwundbaren Seiten zu zeigen, dies besonders in der Gruppe; der Anpassungsdruck war zu groß. Sie hatten Angst, nicht verstanden, abgelehnt oder ausgestoßen zu werden. Die Gruppe stellte durch ihre bloße Existenz eine Aufforderung zur Selbstlüge dar, sie verlangte den Jugendlichen ab, nach außen und nicht selten auch nach innen, eine Maske zu tragen.

Marc

Marc hatte früh im Alter von drei Jahren den Vater durch die Scheidung der Eltern verloren. Der Vater kümmerte sich auch in der Folgezeit nicht um seinen Sohn. Die allein erziehende Mutter tat ihr Bestes, verstarb aber plötzlich an einer unheilbaren Krankheit, als der Junge vierzehn Jahre alt war. Äußerlich versorgt mit allem was er brauchte, fand Marc für seine Traurigkeit keinen Ansprechpartner. Er fühlte sich verlassen und allein, hatte auch Angst vor der Einsamkeit und suchte in der Gruppe nicht nur Anschluss, sondern auch die Möglichkeit, seine Niedergeschlagenheit erfolgreich zu verleugnen und die Verlassenheitsgefühle nicht zu spüren. *Er* hätte tatsächlich auch in einer anderen Gruppe landen und in einer anderen Gruppe eine Heimat finden können, sobald diese ihm nur Anschluss und

Halt geboten hätte. Er hätte nur jemanden gebraucht, der ihm im rechten Moment den Weg wies und dies nicht dem Zufall überließ. Er brauchte die Ideologie nicht, um sein Selbstwertgefühl zu stabilisieren und seine regressiven Sehnsüchte zu befriedigen. Er brauchte jemanden, bei dem er sich anlehnen, ausweinen und seinen Schmerz und seine Trauer verarbeiten konnte. Seine depressive Passivität machte ihn jedoch zum bequemen Mitläufer.

In seinem Sozialarbeiter fand Marc den Menschen, zu dem er nach und nach eine vertrauensvolle Beziehung aufbauen und wieder Mut zum Leben fassen konnte. Doch dies erforderte Zeit, denn die Jugendlichen brachten ihr Misstrauen in die neue Beziehung ein. Sie hatten Zweifel und Ängste, wie ernsthaft und verlässlich diese tatsächlich sein würde. Vertrauen musste erst aufgebaut werden, musste Gelegenheit haben zu wachsen, musste eventuell auch einige Belastungstests überstehen, bevor das anfängliche Misstrauen ausgeräumt werden konnte.

Wenn man das Problem rechtsradikaler Jugendgewalt auf die durch Modernisierung und Globalisierung entstandenen Konflikte reduziert, verengt man damit sein Blickfeld. Es ist nicht zu übersehen, dass es sich bei Rechtsradikalen oft um Jugendliche handelt, die an der Familienüberlieferung, mit der sie aufgewachsen sind, festhalten, als hätte es die totale Niederlage 1945 und die Verbrechen der NS-Zeit nie gegeben. Dabei hat diese Überlieferung nicht nur die Rassenideologie, sondern auch den Antisemitismus und narzisstischen Größenwahn tradiert. Letzterer ist nicht nur deshalb gefährlich, weil er die historischen Tatsachen komplett verleugnet, die Opfer erneut diskriminiert und die Gewalt und Destruktivität der Nazis bagatellisiert, sondern auch, weil dieses anachronistische Leitbild die Jugendlichen auf die Verliererseite führt, auch wenn sie parallel dazu ihr technisches Know-how modernisieren und perfektionieren. Die Großeltern (oder andere Verführer) haben ihren Enkeln einen schlechten Dienst erwiesen, weil sie sie nicht auf ein Leben im Hier und Jetzt vorbereitet haben. Sie haben sie in eine illusionäre Phantasiewelt entführt, weil sie ihre eigenen gescheiterten Größenvorstellungen nie revidiert und die Niederlagen nicht verarbeitet haben. Sie verurteilen auf diese Weise auch die nachfolgende Generation zum Scheitern. Dies geschieht, wie wir aus der transgenerationellen Forschung wissen, mitunter bewusst, mitunter unbewusst. Ihren Hass auf das eigene Scheitern geben sie an die Enkelgeneration weiter. Der Bruch mit dieser Großelterngeneration ist – soweit es die NS-Ideologie und das amtliche Verbrechertum betrifft – unvermeidlich, wenn man in der Gegenwart einer demokratisch verfassten Gesellschaft ankommen und Fuß fassen will.

Der Bruch ist notwendig, auch wenn die Großeltern selbst Täter *und* Opfer sind. Sie sind Opfer einer Kindheit ohne stabile väterliche Vorbilder während und nach dem Ersten Weltkrieg. Sie entstammen einer Generation von Kindern, deren Väter, wenn sie überhaupt überlebt haben, Opfer kriegslüsternen Machtmissbrauchs und ökonomischer Katastrophen geworden sind, die sich ihrer Einflussnahme entzogen und denen sie ohnmächtig ausgeliefert waren. Die Folgen sind, wie sich immer stärker zeigt, generationenübergreifende Traumatisierungen. Wenn eine allein erziehende Mutter, deren Mann im Ersten Weltkrieg gefallen ist, den Tod nicht verarbeiten kann und sich depressiv zurückzieht (André Green spricht von der »toten«, emotional unerreichbaren Mutter),[31] besteht die Gefahr, dass sie ihre Kinder emotional verwaisen lässt. Äußerlich durchaus erfolgreich, entwickeln diese Kinder eine emotionale Behinderung, die Empathie und Zuwendung erschwert, wenn nicht gar unmöglich macht.

Alle Versuche, die Probleme rational aufklärend und mit lerntheoretischen Modellen zu lösen und die emotionalen Konflikte unbeachtet zu lassen, bleiben an der Oberfläche. Diese Kinder sind emotional an eine gescheiterte Generation gebunden, die im Nachhinein aus der Niederlage einen Erfolg machen möchte. Wenn man nicht im Blick hat, dass sie gefährdet sind, nicht nur diese Sichtweise zu übernehmen, sondern sich auch selbst damit zu identifizieren, findet man keinen Zugang zu ihnen.

Der nationalsozialistische ideologische Unterbau ist nicht nur deshalb gefährlich, weil er Lügen und Halbwahrheiten enthält, sondern weil er ungelöste Loyalitätskonflikte zeigt, deren destruktive Auswirkungen nicht zu übersehen sind. Diese Loyalitätskonflikte bedrohen in der Gegenwart radikal das Zusammenleben von Menschen unterschiedlicher Wertvorstellungen und kultureller Herkunft. Die NS-Ideologie ist in ihren Wurzeln menschenfeindlich, weil sie statt Gleichberechtigung und Solidarität Rechtlosigkeit und Hass predigt. Sie ist gewiss nicht die einzige Ideologie dieser Art, aber sie ist unsere spezifisch deutsche, für die wir eine spezifisch deutsche Verantwortung tragen, insbesondere den rechts orientierten Jugendlichen gegenüber. Gegenüber dieser Ideologie kann es keine Akzeptanz geben, wie auch immer sie rationalisiert wird. Toleranz ihr gegenüber wäre ein Verrat an unserer mühsam in Jahrhunderten erworbenen und erstrittenen westlichen Kultur und Tradition der Aufklärung. Deshalb genügt es nicht, erschreckende Äußerungen stillschweigend anzuhören, präsent zu sein ohne Farbe zu bekennen, einer Konfrontation um des lieben Friedens willen auszuweichen oder Grenzen zwar verbal zu markieren, aber nicht auf ihre Respektierung zu bestehen. Man muss vielmehr die eigenen Erwartungen klar artikulieren und Stellung beziehen. Es ist wichtig, als ernst zu nehmendes Gegenüber aufzutreten und einer intellektuellen und emotionalen Konfrontation nicht auszuweichen.

Welt ohne Väter

Meine Beobachtungen schützten mich vor vorschnellen Verallgemeinerungen. Zwar waren die Jugendlichen alle Rechtsradikale, doch zwangen mich ihre unterschiedlichen Biografien trotz der nicht zu übersehenden Gemeinsamkeiten zu Differenzierungen. Auch die betreuenden Sozialarbeiter hatten dies größtenteils intuitiv erfasst. Sie sprachen die Jugendlichen immer wieder individuell an und erreichten damit, dass sich der enge Gruppenzusammenhalt allmählich lockerte.

Was bedeuten die fehlenden Väter für die Entwicklung der Jungen? Was ist »die Krise der Männlichkeit«, die auch den Gießener Psychoanalytiker und Sozialforscher Horst-Eberhard Richter in seiner neuesten Veröffentlichung[32] beschäftigt? Die Jungen hatten Väter, die mit sich selbst beschäftigt waren, Väter, die keine Verantwortung für ihre Kinder übernahmen und alle Verantwortung den Müttern überließen. Müttern, die ohnehin durch die Schwangerschaft, Geburt und frühe Mutter-Kind-Beziehung eine – aus der Perspektive des Kindes – ungeheure Dominanz hatten und repräsentierten. Wozu führt diese Dominanz des Weiblichen? Der kleine Junge sieht sich – anders als ein Mädchen – der Dominanz zunächst hilflos ausgeliefert. Er ist als Baby auf die Mutter fast vollständig angewiesen, wird jedoch im Laufe seiner Entwicklung kontinuierlich selbstständiger und unabhängiger. Er entwickelt ein Körperbewusstsein, das ihn zunehmend von der Vorstellung der omnipotenten »Mutter-Göttin«, die über alles verfügt, was der Mensch zum Leben und zur Fortpflanzung braucht, befreit. Er wird selbstbewusster, unabhängiger und tritt gegen die ehemals überschätzte Mutter an. Im besten Fall weiß er sich im Schutz eines mächtigen Vaters, der es längst mit der Mutter aufgenommen und sich als eine ernst zu nehmende Alternative ins Spiel gebracht hat. Im Schutze dieses Vaters kann der »Zwerg« gegen die »Riesin« antreten, kann »Siegfried mit dem Drachen kämpfen«, der symbolisch für eine angemaßte oder phantasierte Omnipotenz steht, die der kleine Junge der Mutter zuschreibt. Über die innere Erlebniswelt von Kindern allein erziehender Mütter hat der Diplomsoziologe und Pädagoge Frank Dammasch in seiner Studie über Vaterlosigkeit[33] berichtet. Dieses Thema wird insofern immer wichtiger, als die Zahl der allein erziehenden Mütter – auch allein erziehende Väter sind im Übrigen nicht unproblematisch – beständig zunimmt und selbst in Patchwork-Familien nicht gewährleistet ist, dass die enge Bindung an die Mutter durch einen später hinzukommenden, nicht-leiblichen Vater aufgegeben wird.

Eine narzisstische Selbstüberschätzung der Mutter, die eine solche Fehlentwicklung des Kindes unterstützt, muss jedoch nicht zwangsläufig eintreten und ist auch nicht naturgegeben. In der Kindheitsentwicklung der Mutter spielt die verinnerlichte Repräsentanz ihres eigenen Vaters eine wichtige Rolle. Sie schützt die Mutter vor Größenphantasien, vor allem auch vor der Illusion, über alles, was man zum Leben und zur Entwicklung braucht, allein zu verfügen.

Wichtig ist die Erkenntnis, dass Erziehung Arbeit ist und den ganzen Menschen erfordert. Damit sind viele Mütter als Alleinerziehende trotz höchsten Einsatzes überfordert. Kinder brauchen Eltern, die sie nicht nur versorgen, sondern aktiv fordern und fördern, und die sie auf das Leben als Erwachsene vorbereiten. Dies kann heute auch die beste Familie nicht mehr ohne gesellschaftliche Unterstützung schaffen. Es stellt sich gesamtgesellschaftlich die Frage, ob in Kindergärten und in Grundschulen genügend männliche Identifikationsangebote vorhanden sind, von denen nicht nur die Jungen, sondern auch die Mädchen profitieren können.

Die biblische Geschichte der Vertreibung aus dem Paradies kann als eine Metapher interpretiert werden für die Negierung der anmaßenden gottähnlichen Omnipotenz des Menschen, der meint, über alles nach Belieben verfügen zu können und zu dürfen. Spätestens die Nacktheit in der ersten bewussten Begegnung von Mann und Frau offenbart, dass der eine etwas hat, was dem anderen fehlt, und umgekehrt. Der Mensch kommt nicht nur als Mängelwesen auf die Welt, er bleibt es auch lebenslang.

Die Entwicklung einer Repräsentanz des Vaters ist somit für die Entwicklung des Jungen wie des Mädchens wichtig. Sie schützt das Mädchen vor Größenphantasien und ermöglicht dem Jungen ein gesundes männliches Selbstbewusstsein. Die Voraussetzung dafür

81

ist, dass der Junge mit dem Vater nicht nur realistische Erfahrungen macht, sondern sich auch an ihm abarbeitet, sich mit ihm aktiv identifiziert und damit eine inneres Bild des Vaters entwickelt. Der Vater ist der Verbündete des Jungen im Kampf um die Autonomie von der zunächst als alles beherrschend erlebten Mutter. Er setzt der Mutter Grenzen. Er verfügt über Fähigkeiten, die sie nicht hat. Er spielt Spiele, die sie nicht oder nur am Rande interessieren, und er hat bei allen wichtigen Entscheidungen ein Wörtchen mitzureden. Er will anerkannt werden wie die Mutter, und dies nicht nur als Samenspender oder Unterhaltszahler.

Die gegenseitige Anerkennung sowohl der Verschiedenheit als auch der Ähnlichkeit wird in der Beziehung der Geschlechter, der ersten Begegnung mit dem Fremden, eingeübt. Dafür sind die vereinigten Eltern das Vorbild. In ihrer gegenseitigen Anerkennung wird die erste bewusste und spätere Erfahrungen prägende Begegnung mit dem Fremden/Anderen anschaulich repräsentiert. Sie umfasst im gelungenen Fall alle Aspekte einer Beziehung der gegenseitigen Anerkennung, die der Frankfurter Sozialphilosoph Axel Honneth 1992[34] in seinem Buch *Kampf um Anerkennung. Zur moralischen Grammatik sozialer Konflikte* herausgearbeitet hat, insbesondere soweit es die gemeinsamen Kinder betrifft. Diese Aspekte sind das gemeinsame Sorgerecht, die Solidarität, die gemeinsame moralische Verpflichtung zur Unterstützung und Erziehung der Kinder, die Liebe, das Kind so anzunehmen, wie es ist, und die Aufgabe, es in gemeinsamer liebevoller Fürsorge auf seinem Weg zum Erwachsenwerden zu begleiten. Wie wichtig der Vater oder ein verantwortungsbewusster Vater-Ersatz in jeder Lebens- und Entwicklungsstufe ist, hat der amerikanische Kinderpsychoanalytiker James Herzog 1980 in der sehr treffenden Formulierung vom »Vaterhunger« zum Ausdruck gebracht.[35] Ein Hunger nach einem liebevollen, zärtlichen und fürsorglichen Vater in der frühen Kindheit, aber auch nach einem Vater, mit dem man sich anlegen kann. Ein Vater, der Ambivalenz und Rivalität aushält, der sich als Alternative ins Spiel bringt, ohne den Sohn zu überfahren, der Grenzen setzt, aber auch selbst Grenzen respektiert, der nicht vollkommen ist und es auch nicht sein muss. Ein Vater schließlich, der zusammen mit der Mutter den Grundstein legt für komplexere und differenziertere, insgesamt reifere Objektbeziehungen, die Voraussetzung sind für geglückte spätere Liebesbeziehungen. Der unbefriedigte Vaterhunger führt entweder zu Idealisierung (Überbewertung) oder zur Entwertung des Vaters, und damit zu einer unrealistischen und emotional verzerrten väterlichen Repräsentanz (Phantomväter) oder zu einer Abkehr von väterlichen Vorbildern überhaupt nach dem Motto »Väter brauchen wir nicht«. Häufig resultiert er stattdessen in einer zu engen Bindung an eine Gruppe von Gleichaltrigen und einem Ausleben unreifer kindlicher und pubertärer Phantasievorstellungen von Männlichkeit, die weder Komplexität noch Differenzierungen noch Verantwortungsbereitschaft enthalten.

Das plötzliche Verschwinden des Vaters durch Scheidung oder Tod ist zweifellos eine Traumatisierung, deren Grad und Verlauf jedoch in hohem Maß von dem Verhalten der Mutter beeinflusst wird. Trauer über das verlorene Gute, das durch den Vater repräsentiert wurde, kann gerade in der Anerkennung der Bedeutung, die der Vater für das Kind emotional und intellektuell hatte, die innere Repräsentanz des Vaters verstärken und allmählich dazu führen, dass der Verlust angenommen wird. Eine Mutter, die Trauer nicht zulassen kann, in deren Augen der Mann nur als Übel erscheint, das sie nun endlich losgeworden ist, und der eigentlich immer schon überflüssig war, unterdrückt diesen wichtigen und sehr aktiven Trennungs- und Heilungsprozess. Die Folge kann eine depressive Entwicklung sein, weil die Trauer nie durchgearbeitet worden ist. Sie führt dazu, dass das traumatische Geschehen abgespalten und eingekapselt wird, als hätte es nie stattgefunden. Dadurch gehen wichtige Anteile des Selbst, vor allem die Repräsentanz des Vaters, verloren. Parallel findet beim Jungen eine Selbstentwertung statt, die später durch Arroganz und Größenphantasien kompensiert wird.

Das Wechselspiel von bisexuellen mütterlichen und väterlichen Repräsentanzen und Identifikationen bereichert nicht nur die Persönlichkeit und führt zu differenzierteren Selbst- und Fremdwahrnehmungen, sondern schafft Raum für kreative, sich gegenseitig befruchtende Phantasien, die auch künstlerischen Ausdruck finden können. Es geht einher mit einem toleranten Umgang nicht nur mit fremden, sondern auch mit eigenen homo- und heterosexuellen Anteilen und Identifizierungen, die gerade in ihrer unterschiedlichen Ausdifferenzierung als Bereicherung erlebt werden. Dies scheint im Übrigen der einzige Fortschritt in der Weiterentwicklung der NS-Ideologie zu sein, dass inzwischen auch unter Rechtsradikalen Homosexuelle nicht mehr sofort aus den eigenen Reihen eliminiert werden müssen, weil an ihnen projektiv die eigenen homoerotischen oder homosexuellen Anteile erbittert bekämpft werden. Eine Ambivalenz gegenüber Homosexuellen ist jedoch immer noch zu spüren und auch nicht weiter erstaunlich, solange die männlich narzisstischen Größenphantasien eine Identifizierung mit der Mutter nicht zulassen. Denn in ihrem erotisch spielerischen Begehren spiegelt sich das weibliche Verlangen nach einem Mann und weckt bei dem partiell mit der Mutter identifizierten kleinen Jungen die Sehnsucht nach einem ebenfalls erotisch spielerischen Umgang mit seinem bewunderten Vater.

In der Idealisierung und Beschränkung der Frau auf ihre Mutterrolle und auf ihre Funktion in der NS-Diktion »dem Führer Kinder zu schenken« fehlte der erotisch spielerische und leidenschaftliche Beziehungs-Aspekt des sexuellen Begehrens fast völlig. Die Lebensborn-Heime als Produktionsstätten eines »rassereinen arischen« Nachwuchses waren laut Himmler Zuchtanstalten zukünftiger Soldaten, deren Tod auf dem Schlachtfeld schon in die strategischen Planungen einbezogen war. Es handelte sich in der Phantasie und in der Realität um einen größenwahnsinnigen Missbrauch von Frauen als Gebärmaschinen und Männern als Samenspendern. Vor allem aber ging dieser Machtmissbrauch zu Lasten der Kinder, die solchen menschenverachtenden Planspielen ohnmächtig und hilflos ausgeliefert waren.

Auch wenn es anachronistisch klingt: Es gibt in unserer Gesellschaft nicht nur bei Migrantenfamilien auch heute noch überlieferte Strukturen, in denen die Frau bestimmte häusliche Rituale, familiäre Traditionen und emotionale Werte verkörpert, während der Mann für Eroberung, Veränderung und Strukturierung der sozialen Welt steht. Letzteres ist positiv verbunden mit Rationalität, Autorität und Macht, negativ mit Überheblichkeit, Privilegien und Machtmissbrauch auf Kosten anderer, nicht selten auf Kosten von Frauen. Diesem Männer-Bild entsprechen jedoch die zahllosen Obdachlosen, Kranken, Randständigen, in ihren Menschenrechten eingeschränkten Asylbewerber, aber auch der sprichwörtliche »kleine Mann« in keiner Weise. Generell nimmt zahlenmäßig die Dominanz der Männer im Arbeitsleben ständig ab, während die Beteiligung der Frauen ständig größer wird. Männer sind heute stärker als Frauen von Arbeitslosigkeit betroffen, nicht zuletzt aufgrund des Bildungsvorsprungs, den Mädchen inzwischen gegenüber Jungen in den herkömmlichen Schulformen haben. Die Suizidrate der Männer ist höher, ihre Lebenserwartung verglichen mit der von Frauen geringer. Sind Männer weniger stabil als Frauen? Sind sie krankheitsanfälliger oder leben sie stärker als Frauen unter krankmachenden Bedingungen? Die herkömmliche und für selbstverständlich gehaltene Lebensqualität der Männer hat in den letzten Jahren ständig abgenommen. Männer haben Schwierigkeiten in den Beziehungen und in den Familien, erleben sich oft als benachteiligt bei der Regelung des Sorgerechts für ihre Kinder, verfügen über weniger sichere soziale Netze, leiden unter ihrem Prestigeverlust und unter Impotenz und Diskriminierungen, wenn Männlichkeit mit Krieg und Zerstörung assoziiert wird, oder auch mit Suchtanfälligkeit, Gewalttätigkeit, Kriminalität und Schulversagen.

Sicher ist, dass mit einem Wandel des Selbstverständnisses von Mann und Frau auch die Beziehungen neu ausgehandelt werden müssen. Die Freiheit des einen darf nicht auf Kosten der Freiheit des anderen gehen. Wenn die Verhandlungen scheitern, wird den

Kindern in Zukunft neben der allein erziehenden Mutter oder dem allein erziehenden Vater ein Elternteil ganz fehlen, oder sie müssen den Ersatz in einer Patchwork-Familie akzeptieren. Verlässliche, konstante Beziehungen, an denen man sich im Laufe der Entwicklung abarbeiten, an denen man aber auch wachsen und reifen kann, sind damit keine Selbstverständlichkeit mehr. Die Gefahr für die Entwicklung eines Kindes besteht vor allem in der Dominanz nur *eines* greifbaren Elternteils. Verlustängste werden verstärkt, solange das Kind noch nicht das Gefühl hat, auf eigenen Füßen stehen zu können. Die Folge ist eine aus Angst geborene Hemmung, Gefühle der Enttäuschung, des Ärger, der Frustration und eventuell auch der Wut in die Beziehung zum verbleibenden Elternteil einzubringen. Es entsteht eine negative Abhängigkeit, die mit einem Gefühl der Unfreiheit verknüpft ist, weil die Kinder ihre Gefühle nicht offen äußern und dadurch auch aktiv und konstruktiv etwas verändern können. Ein Gefühl der Ohnmacht ist die Folge. Diese passive Unterwerfung hat einen hohen Preis.

Für den Jungen ist und bleibt die Mutter trotz der Nähe durch die natürliche frühe Beziehung körperlich und mental eine Fremde. Dasselbe gilt für das Mädchen in Bezug auf den Vater. Das Bewusstsein des »Fremden« wächst mit zunehmender Entwicklung des Kindes und mit der Entdeckung der eigenen, auch sexuellen, Identität. Der Junge entdeckt die Ähnlichkeit mit dem Vater und den Unterschied zur Mutter. Dies ist in der Regel mit einem wachsenden Selbstbewusstsein verknüpft, einem Gefühl von Unabhängigkeit und Freiheit. »Was kostet die Welt?« – diese Haltung ist bei kleinen Jungen faszinierend zu beobachten. Ein Prozess des Abschieds findet statt, der für einen gesunden Jungen mit einem Gefühl des Aufbruchs verknüpft ist, auch wenn er noch nicht weiß wohin. Für die Mutter bedeutet er zunächst einen Verlust. Die letzten Reste der Nabelschnur müssen auf dem Weg zum Erwachsenwerden durchschnitten werden. Die Mutter muss akzeptieren, dass sie zwar immer noch wichtig, aber nicht mehr lebensnotwendig ist. Dieser Prozess der Ablösung muss von beiden Seiten gewollt und akzeptiert werden. Die Mutter muss akzeptieren können, dass sie als Mutter überflüssig wird.

Eltern, die in einer ausreichend guten Beziehung leben, haben damit keine Probleme, weil sie die Freiheit, die ihnen damit wieder zufällt, genießen und für sich nutzen können. Alleinstehende Mütter oder Mütter, die sich von ihrem Partner in wesentlichen Aufgaben nicht unterstützt und allein gelassen fühlen, klammern sich nicht selten an die Kinder als Partnerersatz. Sie werden ihr ein und alles. Die Mütter fürchten die entstehende Leere, wenn das Kind sich ablöst, und behindern oft unbewusst diesen Ablösungsprozess, indem sie sich, anstatt an den Partner, höchst ambivalent an die Kinder klammern. Ambivalent deshalb, weil Kinder kein Ersatz für einen Partner sein können, und dennoch ein schlechter Ersatz immer noch besser ist als die Leere. Da eine solche Beziehung voller Widersprüche steckt, ist sie für beide unbefriedigend: Das Kind wird in seinem Freiheits- und Loslösungsbestreben behindert, und die Mutter bleibt sexuell und auf der Beziehungsebene unbefriedigt.

Wie kann man eine Beziehung aufrechterhalten, die in sich nicht stimmt? Nur durch Lüge und Verstellung. Die Bilder, die Männer in Erinnerung an eine solche Kindheitserfahrung dafür finden, beschreiben Beziehungen, die Offenheit, Direktheit und Klarheit nicht ertragen. Bei kleinen Jungen hinterlassen sie unbewusst ein übergroßes Schamgefühl. Der Junge schämt sich seiner Schwäche, es nicht mit der Mutter aufgenommen zu haben. Die Mutter wird nicht abgelehnt, weil sie wie z. B. der Vater, gefürchtet wird, sondern weil die ursprünglich gute Beziehung sich in eine abstoßende verwandelt hat. Das Kind hat sich aus Angst und Unsicherheit auf diese Art der Bindung eingelassen, die jedoch seine zukünftigen Beziehungen zu Frauen prägt und belastet. Lüge und Verstellung sind der Feind jeder Beziehung, trotzdem können auch solche Beziehungen lebenslang halten. Wenn die äußeren gesellschaftlichen Zwänge, zusammenzubleiben, fehlen, kann eine Trennung befreiend sein. Was zunächst wie ein Fortschritt aussieht, hat aber auch Schattenseiten. Das Problem bleibt oft trotz der Trennung unbearbeitet und taucht in jeder neuen Beziehung wieder auf, solange es nicht bewusst geworden und gelöst ist. Wenn die Ambivalenz in der Mutterbeziehung nicht bearbeitet wird, ist die Gefahr von Spaltungen groß. Das Problem erscheint in späteren Beziehungen zu Frauen in Form von Unterwürfigkeit und Verschlossenheit auch in der intimen sexuellen Beziehung. Das Kindergefühl, die Mutter mit ihren Bedürfnissen bedienen zu müssen, führt zu einem Verlust an gesundem Stolz und Unabhängigkeit. Es führt zu einem Hass, der abgespalten und auf ein anderes fremdes Objekt verschoben wird. Dies ist *eine* Quelle für späteren Fremdenhass.

Für Kinder ist die Beziehung der Eltern das Vorbild für ihre eigenen Beziehungen. Wie verhält sich der Vater gegenüber der Mutter? Nimmt er es mit ihr auf oder geht er auf seine Weise einer offenen Auseinandersetzung aus dem Weg? Betritt er Schleichwege, hat er Heimlichkeiten, die die Mutter verletzen würden, wenn sie nicht unter einer Decke von Lüge und Verstellung verborgen blieben? Ein solcher Vater ist keine Hilfe für den Sohn. Er hängt genau wie dieser in dem unbewussten und ungelösten Konflikt fest, sich nicht abnabeln zu können, oder aber den Preis für seine Freiheit nicht zahlen zu wollen. Er hat den Kampf mit der verinnerlichten Mutter-Repräsentanz, der er sich als Kind unterworfen hat und die bis in die Gegenwart hinein seine Beziehungen zu Frauen trübt, nicht aufgenommen. Ein solcher Vater ist kein Vorbild für einen Jungen. Im Gegenteil: Die unterdrückten Aggressionen des Vaters führen zu Selbsthass und inneren Spannungen, für deren Ableitung ein Ventil gesucht wird. Die Wut entsteht aus der unterdrückten Männlichkeit, die sich nicht traut, *rotzfrech aber aufrichtig* (man denke an den kleinen Jungen im Mann) zu sein und im übertragenen, keineswegs nur sexuellen Sinn, in der Beziehung »ganz Mann« zu sein. Wut entsteht aus der Angst, ein Risiko einzugehen und sich als »der Fremde und

Andere« zur Geltung zu bringen, auch wenn er abgewiesen wird. Ein Vorbild wäre ein Vater, der sowohl seine Unabhängigkeit als auch die der Mutter und die wechselseitige Abhängigkeit anerkennen kann, ohne sich in seinem Selbstbewusstsein verletzt zu fühlen.

Die Diskrepanz zwischen der Phantasie vom Supermann und der enttäuschenden alltäglichen Wirklichkeit, zwischen Ideal und Realität, erzeugt eine ungeheure Spannung, die sich in Hass gegen sich selbst entlädt. Nicht selten wird dieser Hass vom Vater auf den Sohn verschoben. Die ungeliebten, schwachen und unsicheren Anteile werden in den Sohn projiziert und an ihm verfolgt. Die Verfolgung des Sohnes durch den Vater, der umgekehrte Ödipuskomplex bzw. die Dynamik des ursprünglichen Ödipusmythos, rufen beim Kind einen tödlichen Hass und eine Todesangst hervor. Der Kampf wird unter Männern ausgefochten, aber unter sehr ungleichen, soweit es das Kräfteverhältnis betrifft. Es kämpft der Zwerg gegen den Riesen, wenn er den Kampf überhaupt offen aufnimmt. Auch dieses Vorbild ist kein Vater, den man lieben und mit dem man sich identifizieren kann. Aus Angst findet der Vatermord im Unbewussten oft gar nicht mehr statt, vielmehr weicht der Sohn einer Konfrontation mit dem Vater aus. Seine Autorität wird nicht in einer offenen Auseinandersetzung infrage gestellt, sondern heimlich im Verborgenen. Entsprechend wird auch das Gesetz des Vaters still und leise sabotiert und nach dem gleichen Muster, wie der Sohn gegen die Mutter angetreten ist, außer Kraft gesetzt. Der Sohn traut sich weder eine offene Auseinandersetzung mit der Mutter noch mit dem Vater zu.

Der Kampf findet – entsprechend dem väterlichen Vorbild – auf einem Nebenkriegsschauplatz statt und geht zu Lasten von Schwächeren. Die heimtückischen und feigen Angriffe rechtsradikaler Jugendlicher auf Hilflose und Schwächere, bei denen sie die für uns alle geltenden Gesetze außer Kraft setzen, greifen nicht offen, aber indirekt die Autorität und die Gesetze des (Vater-)Staates an. Anstelle einer Bindung aus Liebe und einer positiven Identifikation mit dem Vater und seinen Gesetzen entsteht eine aus Hass und Enttäuschung gespeiste negative Abhängigkeit, die einen gesunden Stolz und ein Unabhängigkeitsgefühl nicht aufkommen lässt.

Die Dominanz von Frauen nach zwei Weltkriegen, in denen Männer gefallen und nach denen Kinder ohne Vater aufgewachsen sind, hat Spuren in der deutschen Gesellschaft hinterlassen. Diese werden von rechtsradikalen Jugendlichen provokativ zum Ausdruck gebracht und damit ins Bewusstsein gerückt, wenn sie ohne Scham- und Schuldgefühle, ohne väterliche und mütterliche Autorität, ihre Parolen und Lügen verbreiten. In kindlich unkritischem Bewusstsein begehen sie ohne Schuld- und Verantwortungsgefühl Straftaten und präsentieren sich gleichzeitig als diejenigen, die ihr Vaterland über alles lieben, obgleich sie es zerstören.

Ein falscher Ehrbegriff tritt an die Stelle des richtigen. Er speist sich negativ aus der Entwertung des Anderen und nicht positiv aus dem Stolz auf eine eigene Leistung. Schwache Männlichkeit versteckt sich hinter Imponiergehabe. Frauen werden als Mütter idealisiert und erotisch sexuell entwertet. Man braucht sie zur Fortpflanzung, ansonsten haben sie in der Männerwelt nichts zu suchen. Die Frau gehört an den Herd und in die Familie und taugt für soziale Berufe. Frauen finden ihre Erfüllung in der Welt der Kinder und der Familie, sie sollen »bleiben, wo sie hergekommen sind« (!), nicht aber in die Domäne der Männer eindringen. Solange sie sich daran halten, sind sie geduldet. Die politische Welt ist die Welt der Männer, wobei Akklamationen durch Frauen nicht unerwünscht sind – die Wiederbelebung eines Kindheits-Traums: Der Glanz in den Augen der Mutter.

Die Wurzeln für ihre Radikalisierung liegen bei jugendlichen Rechtsextremisten in der frühen Kindheit. Die erotisch sexuelle Entwertung von Frauen, soweit sie sich mit Männern einlassen, die nicht der eigenen »Rasse« oder Ethnie angehören, weist auf verborgene inzestuöse Motive hin, die durch die Idealisierung und Verengung der Perspektive auf Frauen als Mütter noch unterstrichen wird.

Sie greift nicht selten auch unbewusst ein Kinder-Ressentiment gegen die Mutter auf, die sich mit dem ersten Fremden, dem Vater, eingelassen hat.

Was bedeutet der fehlende oder schwache Vater für die Mädchen, die mentalen Unterstützerinnen und damit Komplizinnen der Jungen?

Mädchen konfrontieren die Mutter spiegelbildlich von Geburt an mit ihrer noch nicht entwickelten, aber zu erwartenden weiblichen Potenz, der Gebärfähigkeit, und gleichzeitig mit ihrer Unvollständigkeit und Begrenztheit. Ihnen fehlt etwas, das der Mann hat, und sie sind auch in Zukunft nicht in der Lage, der Mutter dieses Fehlende zu ersetzen. Die ursprünglich im kindlichen Verständnis zunächst nur körperlich begründete Andersartigkeit, führt im geglückten Fall mit wachsender Reife und Selbstwahrnehmung zu einer kritischen Einsicht in gesellschaftlich erzwungene, teilweise überholte und überflüssige Rollenzuweisungen, die Entwicklungsmöglichkeiten einschränken. Diese Rollenzuweisungen wurden oft von den Großmüttern und Müttern noch nicht hinterfragt, auch wenn sie heimlich und unbewusst dagegen rebellierten. So kann die durch Erziehung induzierte frühe Selbstständigkeit der Mädchen auch zur Folge haben, dass sie sich in Konkurrenz mit den Jungen später besser durchsetzen und behaupten, eine größere Unabhängigkeit und ein stärkeres Selbstbewusstsein haben und dadurch wesentlich zum Abbau der gesellschaftlichen Einschränkungen beitragen, die nicht nur sie, sondern auch andere benachteiligte Gruppen betreffen.

Beobachtungen zeigen, dass Mütter ihre Töchter oft weniger begehren, weniger festhalten und weniger verwöhnen, ihnen aber stattdessen manchmal eher zuviel Unabhängigkeit zugestehen. Mädchen entwickeln sich infolgedessen selbstständiger, unabhängiger und selbstbewusster und überholen die Jungen im Kindergarten und in der Schule. Die Ablösung von der Mutter ist nicht das Problem der Mädchen. Sie werden meist in die Selbstständigkeit hineingestoßen. Das Problem ist, dass ihre Sehnsucht, von der Mutter wie der

Bruder geliebt und begehrt zu werden, nicht erfüllt wird. Sie meinen, sich später durch Identifikation mit der die Jungen vereinnahmenden »Krakenmutter« die Befriedigung verschaffen zu können, die ihnen in der mütterlichen Beziehung gefehlt hat. Diese Identifikation wiederum belastet ihre Beziehung zum Vater und später zu Männern. Der Vater könnte ihnen ein ganz anderes Wunschbild von Weiblichkeit vermitteln, wenn er es denn vorlebte: eine Weiblichkeit, die offen zu ihren gesunden weiblichen, nicht nur erotischen und sexuellen Wünschen steht, aber auch die Bedürftigkeit, das Angewiesensein auf einen Mann, anerkennt. Eine Weiblichkeit, die sich nicht verkauft oder kaufen lässt, die sich weder mit Schmeicheleien erobern lässt, noch sich selbst versucht einzuschmeicheln, sondern die durch spielerische Offenheit und erotische Verführung erobert und sich erobern lässt.

Wo bleibt bei fehlenden Vätern für Jungen Raum für positive, konstruktive aggressive Vorbilder, für Wagemut, Unternehmungs- und Entdeckungslust, für eine positive, und damit auch für Jungen anziehende Vaterrolle? Fehlende positive Leitbilder haben Folgen. Nach wie vor werden Jungen, anders als Mädchen, trotz aller offensichtlichen Misserfolge auf Leistung und Erfolg getrimmt, während ihnen soziale Fähigkeiten wie Körperbezogenheit und Zärtlichkeit, Hilfsbereitschaft und Freundschaft abtrainiert werden, aus Angst dass sie sich zu sehr mit den Müttern identifizieren und verweichlichen. Introspektion, Einfühlungsvermögen und soziales Verhalten werden in der Erziehung vernachlässigt. Stattdessen werden äußere gesellschaftliche Erfolgsziele festgesetzt, die meistens trotz aller Anstrengung nie erreicht werden. Versagen, Frustration und Ärger sind damit programmiert. Übertriebenes Konkurrenzdenken behindert und zerstört Solidarität. Die dominanten Personen ihrer Kindheit aber sind konkurrenzlos die Frauen: Mütter, Kindergärtnerinnen, Lehrerinnen. Familie, Kindergarten und Schule sind weitgehend immer noch fest in weiblicher Hand.

Der Widerstand der Jungen drückt sich häufig aktiv in motorisch aggressiven Entladungen und passiv in Renitenz aus. Zu sehr verwöhnt und festgehalten, sind sie auf das Leben in Selbstständigkeit und Unabhängigkeit ohne verlässliche väterliche Vorbilder schlecht vorbereitet. Sie suchen Anlehnung, wo Selbstständigkeit und Unabhängigkeit gefragt sind, und haben wenig sozialverträgliche Strategien zur Verfügung, um Konflikte zu lösen. Ihre Vorbilder sind anstelle der fehlenden Väter die Zerrbilder aus Film und Fernsehen oder aus Videospielen, die demonstrieren, was Männlichkeit, männliche Stärke und Überlegenheit heißen: eine Flucht in die virtuelle Welt der Phantasie. Mit der Flucht vor der Realität zeigen sie das Gegenteil der in früheren Generationen noch verbreiteten Auffassung, dass der Vater die soziale, politische und gesellschaftliche Realität repräsentiert. In der Phantasie wird kompensiert, was in der Realität fehlt. Da Phantasien bekanntlich nicht satt machen, sind Frustration und Unzufriedenheit programmiert. Sie sind Versager in der Wirklichkeit und Helden in der Phantasie. Eine innere Leere ist die Folge.

Den von mir beobachteten Jugendlichen fehlten väterliche Angebote zur Information, Bildung und Weiterbildung. Die aus der brüchigen männlichen Identifikation entstandene Leere wurde mit rechtsextremistischer Ideologie gefüllt. Die damit unvermeidliche Frustration provozierte Gewalt. Nach außen demonstrierten die Jugendlichen Macht anstelle tatsächlicher innerer Ohnmacht. Die Unterwerfung unter einen Führer und die Abhängigkeit von einer Gruppe sollten die fehlende verinnerlichte Repräsentanz eines starken Vaters ersetzen. Dies gelang nicht und führte die Jugendlichen immer tiefer in die regressive Sackgasse von Abhängigkeit und Fremdbestimmung. Lagen die beobachteten Jugendlichen damit im Trend der Zeit?

95 % der Insassen in deutschen Haftanstalten sind männlich. Auch Unfall- und Kriminalstatistiken zeigen eine negative männliche Dominanz, ohne dass bisher über eine wirksame Prävention nachgedacht, geschweige denn Maßnahmen ergriffen wurden.

Was brauchen Jungen außer positiv besetzten väterlichen Vorbildern? Wo waren, wo sind die Defizite rechtsradikaler Jugendlicher? Es bedarf nicht nur der Vorbilder, es bedarf vor allem einer alltäglichen fürsorglichen und gleichzeitig warmherzig kritischen und konfrontativen Präsenz, wie sie gute Sozialarbeiter anbieten. Es bedarf einer sehr direkten und offenen Ansprache ohne verharmlosende Verpackung.

Der Schweizer Entwicklungspsychologe Jean Piaget[36] beobachtete, dass Kinder bis zum 12. Lebensjahr in magischem Denken und damit in Phantasiewelten leben. Was in der realen Welt passiert, wird oft symbolisch oder als Zeichen gedeutet und verstanden, nicht selten verbunden mit Größenphantasien von der Allmacht der Gedanken. Kinder glauben, dass z. B. böse Gedanken die Macht haben, einen Unfall zu verursachen oder einem Menschen zu schaden. Diese innere Phantasiewelt, die weitgehend im Kindesalter auch die Welt der äußeren Beziehungen prägt und, wenn sie übermäßig besetzt ist, auch zum Rückzug aus realen Beziehungen führen kann, ist zunächst Außenstehenden verschlossen. Wenn diese jedoch einen aufmerksamen Blick für äußerlich relativ unauffällige Veränderungen haben, beobachten sie bei Kindern vielleicht mit Sorge einen zunehmenden Rückzug. Die Pubertät setzt dem Leben in den Phantasiewelten normalerweise ein Ende, bei Mädchen durch das Eintreten der Menarche rigoroser als bei Jungen.

In den Gesprächen mit den rechtsradikalen Jugendlichen war zu beobachten, wie sehr sie noch in ihren kindlichen Phantasievorstellungen lebten und diese keineswegs aufgegeben hatten oder aufgeben wollten. Der Wunsch und die Vorstellung, ein Held zu sein, bewundert zu werden und überlegen zu sein, wurden ausschließlich in der Phantasie befriedigt. Gemessen daran war das, was sie in der realen Welt an Vorbildern fanden, entweder nicht erstrebenswert oder ebenfalls ein projektives Phantasieprodukt angereichert mit Bildern aus Büchern, Videos und Filmen. Was ihnen gefehlt hatte, war ein zuverlässiger und präsenter Vater, der sie verständnisvoll auf dem Übergang von der Phantasie zur Realität begleitete und ihnen Mut machte. Ein Vater, der ihnen auch zutraute, dass sie diesen Übergang schafften.

Die Phantasiewelten der Jungen waren eindeutig geschlechtsspezifisch geprägt (Wikinger, Heerführer, James Bond als unwiderstehlicher Frauenheld) und hätten selbst von der besten Mutter nicht in der spezifischen Weise aufgenommen und bearbeitet werden können, wie es ein Vater aufgrund eigener Kindheitserfahrungen kann: verständnisvoll, aufmunternd, humorvoll, einfühlsam und distanzierend zugleich, kritisierend und fordernd. In der täglichen Kleinarbeit der Sozialarbeiter im Umgang mit den Jugendlichen musste nachgeholt werden, was die abwesenden oder nicht zur Verfügung stehenden Väter versäumt hatten. Sie wurden, sobald eine gewisse tragfähige Bindung entstanden war, zu Ersatzvätern. Mitunter war die Bindung so stark, dass Trennung und Abschied zum Problem wurden, insbesondere wenn die Jugendlichen noch nicht das Selbstvertrauen erworben hatten, auf eigenen Füßen stehen zu können.

Minderwertigkeitsgefühle und Größenphantasien

Die größte Schwäche der Jugendlichen war das geringe Selbstbewusstsein, das oft durch Größenphantasien abgewehrt wurde; dies war auch der Grund, weshalb sie Anschluss an eine Gruppe gesucht hatten. Die weiteren Gründe waren sehr unterschiedlich:

Marc war depressiv und fühlte sich nach dem frühen Verlust des Vaters durch die Scheidung der Eltern und nach dem Tod der Mutter nirgendwo zuhause. Er suchte Anschluss und war anlehnungsbedürftig.

Peter lebte seinen spätpubertären Protest gegen die autoritären Eltern provozierend aus und radikalisierte sich in der exakt entgegengesetzten politischen Richtung. Er fand in der Gruppe die Unterstützung und Anerkennung, die ihm immer gefehlt hatte. Er erinnerte mich an die Kurzgeschichte von Franz Kafka *Der Aufbruch*:

»Ich befahl mein Pferd aus dem Stall zu holen. Der Diener verstand mich nicht. Ich ging selbst in den Stall, sattelte mein Pferd und bestieg es. In der Ferne hörte ich eine Trompete blasen, ich fragte ihn, was das bedeutete. Er wusste nichts und hatte nicht gehört. Beim Tore hielt er mich auf und fragte: ›Wohin reitet der Herr?‹ ›Ich weiß es nicht‹ sagte ich, ›nur weg von hier, nur weg von hier. Immerfort weg von hier, nur so kann ich mein Ziel erreichen.‹ ›Du kennst also dein Ziel‹, fragte er. ›Ja‹, antwortete ich, ›ich sagte es doch. Weg von hier – das ist mein Ziel.‹«[37]

Peter wollte nur weg, aber wohin? Darauf hatte er keine Antwort.

Detlef versuchte verzweifelt, neben der alles beherrschenden Mutter ein eigenes Profil zu gewinnen und erhoffte sich von der Gruppe Unterstützung. Bei ihm war die latente Traurigkeit über den Verlust des Vaters spürbar. Die Eltern hatten sich scheiden lassen, als Detlef acht Jahre alt war. Konnte ihm eine Gruppe von Altersgenossen den fehlenden Vater ersetzen?

Kurts Vater trank, war alkoholabhängig und hatte sich nie um die Familie gekümmert, oder wenn, dann nur in negativer Weise, randalierend. Die Mutter war nicht in der Lage, dem Vater Grenzen zu setzen. Unterstützung auf dem schwierigen Weg zum Erwachsenwerden war von ihm nicht zu erwarten. Er war auch kein Vorbild, an dem man sich orientieren konnte, und schon gar nicht ein Vater, den Kurt – wenigstens vorübergehend – idealisieren konnte.

Michael hatte seinen Vater nur ablehnend und mit seinen Basteleien beschäftigt erlebt. Der Vater-Stellvertreter, der Großvater, hatte sich seiner liebevoll angenommen, aber gleichzeitig ideologisch den Weg in die rechtsextremistische Ideologie vorgezeichnet.

Anstelle der enttäuschenden realen Väter boten sich die Phantom- oder Phantasieväter aus den Erzählungen der Großeltern oder aus

Büchern und Filmen an: die angeblichen, vermeintlichen oder auch tatsächlichen Helden des Zweiten Weltkrieges, die die Jugendlichen je nach Wunsch und Bedürfnis mit Eigenschaften ausstatteten, die sie sich von ihren Vätern oder auch für sich selbst immer gewünscht hatten. Mit deren realer Existenz hatte das in der Regel wenig zu tun, wie man es auch an der rational nicht zu begründenden Verehrung von Rudolf Hess in rechtsradikalen Gruppierungen sehen kann. Im Grunde interessierte sie die Realität auch nicht. Im Gegenteil: Aufklärung wurde eher vermieden, weil sich die Jungen an ihre Wunsch- und Phantasiebilder klammerten und sich diese nicht nehmen lassen wollten. Die Gruppe respektierte das und bot ihnen die warme Höhle, in der sie – sich selbst überlassen – ihre Phantasien ausleben konnten. Dies ist ein uraltes Menschheitsthema, wie das Höhlengleichnis des griechischen Philosophen Platon[38] zeigt. Kurz zusammengefasst geht es in diesem Gleichnis um folgendes: Menschen, die in einer Höhle leben, nehmen nur die Schatten von Ereignissen war. Sie reichern diese mit ihren Wunschbildern und Phantasien an und sind damit zufrieden. Als einer, der sich aus der Höhle befreit hat, zurückkommt und sie aufklären möchte, wehren sie sich dagegen und erschlagen ihn.

Dass in der Jugend Anschluss an eine Gruppe Gleichaltriger gesucht wird, ist normal. Nicht normal hingegen waren bei diesen Jugendlichen die gruppenkonforme Gewaltbereitschaft und das fehlende Scham- und Schuldgefühl, das sie gegen Kritik und Selbstzweifel abschirmte und – selbst nach einer Verurteilung – zu weiteren kriminellen Handlungen antrieb. Es bedeutete eine weitere Bestätigung und bekräftigte, dass sie moralisch im Recht waren. Die Ideologie diente der Selbstrechtfertigung, Opfer und nicht Täter zu sein. Sie verhinderte, wie wir es mitunter auch von Sekten kennen, einen selbstkritischen Blick auf ihre ideologisch legitimierten Handlungen. Zu Selbstkritik wurden sie in der Gruppe nicht aufgefordert und hatten diese deshalb auch nicht zu fürchten. Das führte dazu, dass innerhalb der Gruppe alle um forcierte Einheitlichkeit bemüht waren. Eine echte und ehrliche Auseinandersetzung mit ihren Taten, deren Folgen für ihre Opfer und für sie selbst wurde damit vermieden und ausgeschlossen.

Die gemeinsamen Überfälle geschahen meist spontan, relativ ungeplant und aus dem Bauch heraus. Auch für erfahrene Sozialarbeiter war nicht vorhersehbar, dass die eben noch friedlich Billard spielenden Jugendlichen, kurz nachdem sie das Jugendhaus verlassen hatten, einen Ausländer niederschlugen, der ihnen zufällig begegnete; manchmal machte sie erst die eintreffende Polizei darauf aufmerksam.

Die Sozialarbeiter reagierten unterschiedlich. Ein Sozialarbeiter berichtete, dass *er* das Opfer ins Krankenhaus gefahren habe. In einer ähnlichen Situation schrie ein anderer Sozialarbeiter die jugendlichen Täter an: »Ihr helft mir jetzt, den ins Krankenhaus zu bringen«, und mit roten Köpfen und betretenen Gesichtern halfen sie ihm. Die Decke der Abwehr und Verleugnung von Scham und Schuld war offensichtlich nicht undurchdringlich. Sie wurde durch diesen heftigen impulsiven und spontanen Appell mit der Aufforderung zur Wiedergutmachung durchbrochen, die Fassade bekam Risse. Dieser Sozialarbeiter wich der Konfrontation mit ihnen nicht aus und war auch nicht bereit, ihnen die Verantwortung für ihre Tat abzunehmen. Er ging offensichtlich projektiv davon aus, dass sie ein Gewissen hatten und dass dieses, auch gegen den äußeren Anschein, ansprechbar war – und er behielt Recht.

Dieses Beispiel zeigt, dass es nicht gleichgültig war, wie verantwortliche Erwachsene mit diesen Jugendlichen umgingen. Es machte einen erheblichen Unterschied, ob sie sich anstelle der Jugendlichen selbst bemühten, den Schaden wiedergutzumachen wie es die Jugendlichen nicht selten von ihren Müttern berichteten, oder ob sie auf Konfrontationskurs gingen und ihnen die Verantwortung nicht abnahmen. Dies setzte das Vertrauen der Sozialarbeiter voraus, dass auch in diesen Jugendlichen ein anderer, moralisch ansprechbarer

Teil existierte, der vielleicht verschüttet war und im Moment der Tat offensichtlich keine Stimme hatte, der aber dennoch existierte. Er konnte und musste aus seiner Verklammerung von ideologischer Abwehr und Verleugnung durch Konfrontation gelöst werden.

Eine zweite und vielleicht die wichtigere Funktion der Ideologie war die Abwehr von Angst- und Unterlegenheitsgefühlen. Die Ideologie stand wie eine Festungsmauer, die gegen unliebsame und nicht zu bewältigende Gefühle von Angst und Unterlegenheit abschirmte. Sie gab ihnen Sicherheit, wenn auch eine illusionäre, und Selbstvertrauen, ohne dass sie sich anstrengen und verändern mussten. Sie verhalf ihnen zu Gefühlen der Überlegenheit, ohne dass sie sich erst beweisen mussten. Sie bestätigte ihre jungenhaften Traum- und Phantasiewelten, in die sie sich zurückgezogen hatten, weil sie mit der Realität nicht zurechtkamen. Der Gewinn für das subjektive Wohlbefinden war beträchtlich. Unsicherheiten wurden beseitigt und letzte Zweifel, die mitunter dennoch aufkamen, wurden mit Alkohol heruntergespült. Wie hätten sie sich ohne diese Krücke gefühlt? Miserabel, unfähig, nutzlos, stecken geblieben in der Entwicklungsphase der Latenz und hoffnungslos im Rückstand gegenüber ihren Altersgenossen? Bei sieben- bis neunjährigen Jungen sind analoge Heldenphantasien – Lord Nelson, die Wikinger, die Kreuzritter, Spiderman, Harry Potter oder Science Fiction-Helden – normal. Meist greifen Kinder auf historische Mythen oder zauberhafte Vorbilder zurück, weil diese leichter und bequemer mit individuellen Wunschphantasien angereichert werden können als reale Vorbilder. Spätestens mit der Pubertät müssen diese Phantasien allerdings aufgegeben und gegen in der Realität erreichbare Vorbilder und Ziele eingetauscht werden. Das setzt ein Eingeständnis der eigenen Fähigkeiten und Möglichkeiten sowie eine liebevolle und tatkräftige Unterstützung seitens der Eltern und Erzieher voraus. Rituale, die diesen Übergang erleichtern, gibt es in unserer Gesellschaft nicht mehr, oder sie leben in der Konfirmation oder Jugendweihe, ihres Sinns weitgehend entkleidet, fort. Am Ende des Rituals steht keine

Gemeinschaft mehr, die bereit ist, Jugendliche auf dem schwierigen Weg zum Erwachsenwerden verantwortlich zu begleiten. Die in unserer Gesellschaft noch bestehenden Rest-Rituale sind meist anachronistisch und haben weitgehend ihre Glaubwürdigkeit und Anziehungskraft eingebüßt. Die meisten Jugendlichen finden trotzdem ihren Weg ins Erwachsenenleben, wenn sie gelernt haben, sich auch mit schwierigen und frustrierenden Realitäten (Kampf um Arbeits-, Ausbildungs- und Studienplätze) konstruktiv auseinanderzusetzen, flexibel zu sein und Abschied zu nehmen von Wunschphantasien. Dies ist allerdings umso schwieriger, je stärker diese Phantasien schon vor der Pubertät tatsächliche Leistungen und Anstrengungen ersetzt haben. Der Rückzug aus der normalen sozialen Welt wurde von den Müttern zwar schon früh beobachtet und meist ohnmächtig und lautstark beklagt, doch hatten die Symptome jahrelanger Kleinkriminalität, des Schuleschwänzens und Herumtreibens nicht zur Konsequenz gehabt, dass verantwortlich und energisch eingegriffen und eine Entwicklung gestoppt wurde, die entweder in die Sackgasse einer zunehmenden Isolierung – Depression – oder in die Arme krimineller Gleichgesinnter führen musste.

Je stärker die Jugendlichen ideologisch festgelegt waren, umso intensiver bestimmte die Ideologie auch ihre Handlungsmuster im Umgang mit Ausländern, Juden oder Linken. Ihre Gefühls- und Handlungsfähigkeit hatten sie nicht eingebüßt, auch wenn sie sich selbst gegenüber »wahrheitsunfähig« waren. Im Gegenteil, gerade die Selbstlüge zwang zu einer Bestätigung durch Handlungen in einer Art Vorwärtsstrategie. Sie fühlten sich im Recht, wenn sie Werte wie Gleichheit, Anerkennung und Demokratie als existenzbedrohend für sich interpretierten. Da diese ideologischen Muster nur mit Spaltung und Projektion der eigenen, die Existenz anderer bedrohenden, Anteile aufrechtzuerhalten waren, war derjenige als Anführer am besten geeignet, der *am kränksten* war, also am intensivsten von dieser Abwehr der Spaltung und Projektion Gebrauch machte. Er wurde zum Sprecher für alle. Der Psychoanalytiker und Gruppenanalytiker

Wilfred Bion hat diesen Effekt bereits 1961[39] basierend auf seinen Erfahrungen mit Gruppen beschrieben. Diese Theorie ist unmittelbar einleuchtend, da die Gruppe sich auf einen kleinsten gemeinsamen Nenner einigen muss, der mit einfachen Zuschreibungen und eindeutigen, klaren, wenn auch oft falschen Sätzen auskommt. Dies prägte auch die alltägliche Sprache der Jugendlichen, die nicht zur Diskussion und zu Differenzierungen einlud. Ihre Sprache war apodiktisch, duldete keinen Widerspruch und kein Infragestellen, als ginge es stets nur um Tatsachen, nicht aber auch und vor allem um Meinungen.

Auf die Gefahr, dass historische Tatsachen zu Meinungen umdeklariert werden können, hat Hannah Arendt[40] hingewiesen, und auch darauf, dass historische Tatsachen endgültig aus dem Bewusstsein gelöscht werden können, wenn ihre Spuren vollständig vernichtet und aus dem Gedächtnis der Völker gestrichen sind. Geschichtsverfälschend ist zum Beispiel die quasi scheintolerante Aussage:»Ob Auschwitz ein Vernichtungslager war, darüber kann man verschiedener Meinung sein.«»Meinungen« über historische Tatsachen wie »Auschwitz hat es als Vernichtungslager vielleicht nie gegeben« klittern die Geschichte.

Man kann die Vehemenz, mit der die *Auschwitzlüge* immer wieder im rechten Lager vertreten wird, als Beweis dafür werten, dass sich gerade in Auschwitz die destruktivste, menschenverachtendste und kriminellste Seite des NS-Regimes zeigte und dass die deutschen Rechtsradikalen den Wunsch haben, diese Tatsache, die noch in der Verneinung als Makel erkennbar ist, aus der Welt zu schaffen, weil sie mit ihrem Anspruch auf Makellosigkeit nicht zu vereinen ist.

III. Wege aus der Sackgasse

Der Aufbau einer Beziehung

Die Gruppe, die ich in Lichtenberg kennen lernte, war nach Herkunft und Entwicklungsstand sehr unterschiedlich zusammengesetzt. Gemeinsam waren ihnen das geringe Selbstwertgefühl, oft durch Arroganz oder Größenphantasien überspielt, und Schulkarrieren, die mehr oder weniger als gescheitert angesehen werden konnten. Dies, obgleich keiner der Jugendlichen einen minderbegabten Eindruck machte und sich alle in alltäglichen, lebenspraktischen und handwerklichen Dingen gut auskannten. Die Wiederholung von Schulklassen, Überalterung und fehlende Abschlüsse waren keine guten Karten für einen Einstieg ins Berufsleben. Das daraus resultierende Unterlegenheitsgefühl brachten sie konkret und anschaulich in ihren Befürchtungen zum Ausdruck, Ausländer nähmen ihnen ihre Existenzgrundlage weg. Die Jugendlichen fühlten sich der Konkurrenz auf dem Arbeitsmarkt nicht gewachsen, zum einen aufgrund äußerer, persönlicher oder struktureller Probleme wie fehlende Schulabschlüsse, schlechte Zensuren oder Lehr- und Arbeitsstellenmangel, zum anderen aber auch aufgrund ihrer Einstellung, die sich durch mangelnde Einsatzbereitschaft, fehlendes Engagement und geringes Zutrauen zu sich selbst auszeichnete. Sie lebten in Phantasiewelten, waren träge und passiv und hatten regressive Ansprüche verwöhnt zu werden. Sie waren auf den Arbeitsmarkt schlecht vorbereitet, wo von ihnen erwartet wurde, dass sie selbstverständlich von sich aus aktiv wurden, ohne einen Sozialarbeiter, der sie antrieb und kontrollierte und der sich notfalls auch für sie einsetzte, wenn etwas schiefgegangen war. Eine innere, eigene Autorität als Repräsentanz des Vaters, die sie autonom antrieb und damit unabhängig machte, fehlte und hatte sich nicht entwickelt. Als wir ihre Perspektive übernahmen und uns probeweise ihre Sicht zu eigen machten, ermöglichte uns dies einen realistischen Blick auf ihre tatsächlich vorhandenen Unsicherheiten und ihre Ängste. Äußere und innere Ursachen wirkten zusammen.

Alle Jugendlichen aus dem Trainingsprogramm hatten in der Kindheit Probleme mit väterlichen Vorbildern. Die Väter überließen den meist aktiveren Müttern die Verantwortung für die Familie und die Erziehung der Kinder. Diese wiederum waren damit überfordert. Ihre Kräfte reichten aus, die Familie zusammenzuhalten, aber sie reichten nicht aus, zusätzlich allein die Erziehungsarbeit zu leisten und bei Konflikten einer härteren Konfrontation nicht auszuweichen. Daher gingen die Jungen auf Konfrontationskurs außerhalb der Familie: Sie provozierten in der Hoffnung, auf jemanden zu stoßen, der ihnen Grenzen setzte. Deshalb waren sie auch keineswegs schlecht auf die Polizei zu sprechen. Der eine oder andere äußerte sogar den Wunsch, Polizist zu werden. Kindliche Provokationen hat der englische Kinderpsychotherapeut Donald W. Winnicott »Aggression im Zeichen der Hoffnung«[41] genannt. Er meint damit die Hoffnung, auf ein ungelöstes und unbearbeitetes Problem aufmerksam zu machen, gehört zu werden und Hilfe zu bekommen. Wenn sie Glück hatten, fanden die Jugendlichen in den Sozialarbeitern, Lehrern oder Polizisten Menschen, die es mit ihnen und ihren Aggressionen, ihren Verleugnungen, ihren Lügen und ihrem Selbstbetrug aufnahmen. Oft genug hatten sie bereits erlebt, dass sich keiner die Mühe machen wollte.

Lügen oder Angebereien spielten eine große Rolle. Sie brüsteten sich gern mit Heldentaten, die keine waren, aber von der Gruppe nicht kritisch hinterfragt wurden. Mitunter gab erst die Einsicht in die Gerichtsakten ein zutreffendes Bild. Diese Einsicht war wichtig, weil man sich auf die Schilderungen der Jungen nicht verlassen konnte und immer wieder die Gefahr bestand, dass sie sich selbst und anderen was vormachten. Wir hätten auch ihre Achtung und Anerkennung verloren, wenn wir uns auf ihr Spiel eingelassen hätten, mit dem sie offensichtlich Erfahrung und leider auch oft genug Erfolg gehabt hatten.

Gemeinsam waren den Mitglieder der Gruppe trotz aller individuellen Unterschiede eine gewisse Starrheit und Unbeweglichkeit, autoritäre Verhaltensweisen, Unterwerfungsbereitschaft unter das Führerprinzip oder unter das Gruppendiktat, unter Regeln und Kontrollen, die sie selbst oder andere geschaffen hatten. Die Jugendlichen waren keine »Schmuddelkinder«, – mit solchen wollten sie auch nichts gemein haben! Dass es unter Alkoholeinfluss dennoch oft zu Kontrollverlusten kam, zeigt nur die andere Seite der Medaille. Denn mit Unterwerfung sind nahezu immer unterdrückte Wut und Aggression verknüpft. Diese richteten sich aber nicht gegen die eigentlichen Adressaten, sondern gegen Unterlegenere und Schwächere. Die autoritären Strukturen waren teils ein Abbild der verinnerlichten familiären sowie der sozialen Strukturen der ehemaligen DDR, in der eine autoritäre Erziehung weit verbreitet war. Sie waren zum Teil auch Reaktionen auf übermäßige Verwöhnung und Laisser-faire durch die Mütter. Wissenschaftler von Adorno[42] bis Heitmeyer[43] sind wiederholt auf diesen Zusammenhang von autoritären Strukturen, entsprechender Unterwerfungsbereitschaft und Fremdenhass gestoßen.

Aus psychoanalytischer Sicht ist das Fremde nicht selten das nur allzu Bekannte, nämlich das unterdrückte Eigene. Es wird bekämpft, indem man es zuerst in einen anderen hineinprojiziert und dann an ihm – anstatt an sich selbst – verfolgt und bestraft. Da es damit weder wirklich bearbeitet wird, noch die ursprünglichen und unterdrückten Wünsche nach Freiheit, Autonomie und Selbstbestimmung befriedigt werden, kommt dieser Kreislauf von Abwehr, Projektion und Bekämpfung im Anderen nie zu einem Ende, solange die ursprünglichen Quellen, der Selbsthass und dessen Ursache, nicht erkannt und bearbeitet worden sind. Hass zerstört nicht nur die Beziehung zu anderen, sondern auch zu sich selbst.

Bei den Jugendlichen rührte der Hass zum Teil daher, dass ihre Phantasien ihren Hunger nach Anerkennung nicht stillen konnten. Ihre Phantasiewelten wären vorübergehend in der Lage gewesen, Jungen in der Latenz im Alter von sieben bis neun Jahren zu befriedigen, hatten aber keinen Bestand, wenn die Anforderungen der Realität mit wachsender Reife immer drängender und unaufschiebbarer wurden. Der schmerzhafte Abstieg von kindlichen Größenphantasien, in die sie sich immer noch flüchteten, in die Niederungen einer realitätsgerechten Selbst- und Fremdwahrnehmung stand ihnen noch bevor und wäre ihnen ohne die ermutigende und kritische Betreuung der Sozialarbeiter wahrscheinlich nicht gelungen. Diese mussten im umfassenden Sinn leisten, was die Eltern nicht geleistet hatten: Von der Lösung banaler Alltagsprobleme, die die Jugendlichen auch mit achtzehn Jahren noch nicht bewältigt hatten (wie aus dem Elternhaus auszuziehen, auf eigenen Füßen zu stehen und verantwortlich mit Geld umzugehen), bis hin zu realistischen Zukunftsplänen (wie nachzuholende Schulabschlüsse, Lehr- oder Ausbildungs- oder wenigstens Arbeitsverhältnisse) holten die Sozialarbeiter nach, was die Eltern versäumt oder gar nicht erst als Problem wahrgenommen hatten. Sie leisteten Erziehungsarbeit im umfassenden Sinn, stellten klare Forderungen, hatten ein offenes, aber nicht unkritisches Ohr und Sympathie für diese adoleszenten Jugendlichen, ohne ihre politische und ideologische Einstellung zu teilen. Die klaren Abgrenzungen schafften eine Eindeutigkeit, die auch die Jugendlichen zwang, sich zu positionieren. Meinungsverschiedenheiten und selbstverständlich auch ein Gewaltverbot mussten akzeptiert werden. Gleichzeitig mussten die Jugendlichen Tatsachen als solche anerkennen und durften sie nicht zu bloßen »Meinungen« umdeklarieren. Das ist nach der politischen Philosophin Hannah Arendt[44] ein beliebter Kunstgriff in der Politik, um historische Wahrheiten zu entstellen oder zu verleugnen.

Es gab durchaus Themen, z. B. soweit es die Gestaltung des Jugendhauses, der Freizeit oder des sozialen Trainings betraf, bei denen die Jugendlichen und ihre Betreuer verschiedener Meinung sein konnten und bei denen es wichtig war, offen Räume zur Mitgestaltung anzubieten. Dies war kein fauler Trick, um die Jugendlichen zur Teilnahme zu bewegen. Es war vielmehr die Erkenntnis, dass demokratische Strukturen sich nur entwickeln können, wenn grundsätzlich eine Mitbeteiligung nicht nur möglich, sondern auch gefragt ist. Dabei zeigte sich, dass ihre Beiträge durchaus konstruktiv waren, zwar nicht immer, aber das waren unsere auch nicht. Wir konnten gegenseitig voneinander lernen. Der Prozess, diese jungen Menschen allmählich auf Augenhöhe heranwachsen zu sehen, war unter pädagogischem Aspekt sehr befriedigend. Hilfreich war, dass die vom Jugendgericht angeordnete Maßnahme der Bewährungsaufsicht gekoppelt mit dem sozialen Training Zeit, Raum und Kontinuität der beteiligten Personen über zwei Jahre ermöglichte. Auch wenn es sich dabei um eine Zwangsmaßnahme handelte, war sie dennoch positiv, da sich die Jugendlichen freiwillig auf diese Kontinuität nicht eingelassen hätten.

Gibt es nicht auch heilsame Zwänge, die Erwachsene mit ihrer ganzen erzieherischen und pädagogischen Autorität vertreten sollten, weil sie aufgrund ihrer Lebenserfahrung Kindern und Jugendlichen etwas voraus haben?

Der Kern unserer Arbeit war eine Beziehung zu den Jugendlichen aufzubauen und ihr Vertrauen zu gewinnen. Das brauchte Zeit, weil ihr Misstrauen und ihre Ängste groß waren und weil – insbesondere soweit es die Beziehungen betraf – immer wieder erst getestet werden musste, wie verlässlich diese wirklich waren. Dies galt für beide Seiten. Ein vollständiger Abbruch des Trainingsprogramms hätte für die Jugendlichen eine gerichtlich angeordnete Strafe nach sich gezogen. Was anfänglich, verglichen mit dieser Strafandrohung, nur als das kleinere Übel erschien, wurde mit der Zeit zu einem geschätzten Angebot, das die meisten für sich nutzen konnten.

Die Kombination aus einem Sozialarbeiter und einer Sozialarbeiterin schien mir in Lichtenberg besonders geglückt. Die beiden repräsentierten mit ihren unterschiedlichen Fähigkeiten, auf die Probleme und Konflikte der Jungen einzugehen, ein Elternpaar, das sich grundsätzlich einig war, aber auf dieser gemeinsamen Basis dennoch zu unterschiedlichen Lösungsvorschlägen für Probleme kommen konnte. Die Gleichwertigkeit der Geschlechter, für die Jungen keineswegs selbstverständlich und von ihrer Herkunft und Sozialisation nicht vorgegeben, wurde hier nicht verbal thematisiert, sondern, was viel wichtiger war, vorgelebt.

In einer Jugendeinrichtung in Mitte arbeiteten vorübergehend nur Frauen mit rechtsradikalen Jugendlichen, die ebenfalls unter Bewährungsaufsicht standen. In dieser Einrichtung eskalierte die Gewalt. Die Jugendlichen zündeten nicht nur die Räume an, wobei erheblicher Sachschaden entstand, sondern vergewaltigten und ermordeten später auch gemeinschaftlich eine ausländische Prostituierte. Trotz der sicherlich gut gemeinten und mit viel Einsatz und Engagement erfolgten Tätigkeit der Sozialarbeiterinnen scheint mir *eine* Ursache für diese negative Entwicklung – neben vielen anderen – die einseitige Betreuung der Jungen nur durch Frauen gewesen zu sein. Ihr »Vaterhunger« blieb nicht nur unbefriedigt, sondern wurde sogar noch verstärkt durch Übertragungen auf die Erzieherinnen aus ihrer Kindheit. Teils berechtigt, teils aber auch unberechtigt machten sie ihren Müttern den Vorwurf, ihnen den Vater vorenthalten zu haben. Den empörten Äußerungen anderer Jugendlicher, die nicht tatbeteiligt, aber mit den Tätern befreundet waren, war zu entnehmen, dass sie sich in ihrer kriminellen Entwicklung bislang nicht ernst genug genommen gefühlt hatten. Sie warfen den Betreuerinnen vor, den erneut straffällig gewordenen Jungen viel zu viel nachgegeben und nachgesehen zu haben. Sie hatten z. B. die Nichteinhaltung von Bewährungsauflagen nicht dem Jugendrichter gemeldet. Nachgiebigkeit und Konfliktvermeidung kannten die Jungen meist nur zu gut von den eigenen Müttern. In der Beziehung bedeutete dies einen Autoritätsverlust, der von den Jugendlichen unterschiedlich als Schwäche, Desinteresse, Angst und Unsicherheit interpretiert wurde, in jedem Fall aber einen Verlust an Anerkennung zur Folge hatte, der nicht nur die beteiligten Personen betraf, sondern auch die Autorität des Gerichts.

Eine Gesprächskultur schaffen

Uns war bewusst, dass wir etwas von ihnen wollten, nicht sie von uns. Uns war ebenfalls bewusst, dass sie auf unsere Wünsche eingehen konnten, aber nicht mussten. Und wir wussten, dass wir von ihnen lernen konnten, wie sie von uns. Die Voraussetzung dafür war die gegenseitige Anerkennung. Die Jugendlichen hatten – bewusst oder unbewusst – ein Wissen, über das nur sie verfügten, und von dem wir nur dann etwas erfuhren, wenn sie bereit waren, darüber zu sprechen. Diese Bereitschaft musste erst geweckt werden und setzte voraus, dass auch wir bereit waren, über uns und unsere Erfahrungen, z. B. Kriegserlebnisse, zu sprechen. Die gegenseitige Neugierde musste geweckt, aber auch abgefragt werden. Ich habe die Jugendlichen in gewisser Weise als Experten in eigener Sache erlebt, weil sie über eine Biografie und Lebenserfahrung verfügten, die ich nicht hatte. Das Gleiche traf umgekehrt auch auf mich zu. Wir befanden uns gegenseitig in derselben Situation. Der Dichter Bertolt Brecht[45] hat dies prägnant in seinem Gedicht *Legende von der Entstehung des Buches Taoteking auf dem Weg des Laotse in die Emigration* beschrieben. Dort heißt es, nachdem Laotse auf seinem Weg an der Zollstation vom Zöllner nach seinem Wissen befragt, sieben Tage lang seine Weisheiten einem Kind diktiert hatte:

>>Aber rühmen wir nicht nur den Weisen,
Dessen Name auf dem Buche prangt!
Denn man muss dem Weisen seine Weisheit erst entreißen.
Darum sei der Zöllner auch bedankt:
Er hat sie ihm abverlangt.<<

Es mag absurd klingen, diese Jugendlichen mit dem weisen Laotse zu vergleichen. Dennoch: Sie hatten ein Wissen, über das *nur sie* aufgrund ihrer Lebenserfahrung verfügten. Ich war zu ihnen gekommen, weil ich etwas von ihnen lernen und erfahren wollte. Sie waren nicht zu mir gekommen, um etwas zu lernen und zu erfahren. Warum sollten sie sich mit mir an einen Tisch setzen? Das taten sie gern und freiwillig, wenn jemand von der Polizei oder ein Jugendrichter kam, der sie sachlich über ihre Rechte und Pflichten aufklärte, auch wenn er nicht sicher sein konnte, welchen Gebrauch die Jugendlichen davon machten. Ein gesundes und berechtigtes Eigeninteresse – >>welche Strafe habe ich zu erwarten, wenn …<< – war der verständliche Antrieb, und damit konnte ich nicht rechnen. Wenn sie sich überhaupt unter einer Sozialwissenschaftlerin und Psychotherapeutin etwas vorstellen konnten, dann hielten sie mich für eine Art Sozialarbeiterin, die aber in meinem Fall das Handicap hatte, dass ihr lebenspraktische Fähigkeiten wie die Hilfestellung bei der Suche nach Arbeit, Ausbildung, Wohnung und Unterhalt fehlten. Immerhin hatten sie nichts dagegen, dass ich da war, solange ich nicht in ihre Männerdomäne, die Geschäftsbeziehungen, eindrang. Ich ging aber davon aus, dass es mir gelingen würde, auch ihre Neugierde zu wecken.

Ohne die Unterstützung des Jugendgerichts wäre der Raum, in dem sich eine Gesprächskultur mit den Jugendlichen entwickeln konnte, nur sporadisch, spontan und unsystematisch, bruchstückweise und diskontinuierlich entstanden. Diese Jugendlichen waren nicht gewohnt zu diskutieren und sahen darin auch keinen Sinn, schon gar nicht mit einer Frau oder einem Fremden. Sie fürchteten die intellektuelle Überlegenheit, die möglicherweise gegen sie ins Spiel gebracht und benutzt wurde, um sie auszutricksen. Mit anderen Worten: sie gingen projektiv davon aus, dass wir – der Sozialarbeiter und ich – mit ihnen umgingen, wie sie mit uns umgehen würden, wenn sie die Macht dazu hätten. Sie erwarteten, dass wir jede Gelegenheit benutzten, um sie fertig zu machen. Wenn ich ihnen zuhörte, spürte ich, wie in mir die Lust geweckt wurde, genau in diesem Sinne zu agieren. Es war ein Problem der Gegenübertragung in einem außeranalytischen Setting. Gegenübertragung heißt, dass in der Beziehung zum anderen Gefühle, meist negative, geweckt werden, die uns ungewohnt, fremd oder peinlich sind, sodass wir sie am liebsten verdrängen möchten. Sie sind aber sehr wichtig zum Verständnis der aktuellen Interaktion und Beziehungssituation. Nachdem ich so oft erlebt hatte, dass die Jugendlichen die Gesprächsangebote, die wir ihnen gemacht hatten, verächtlich zurückgewiesen und ihre Überlegenheit als Gruppe uns gegenüber ausgespielt hatten, waren offensichtlich auch Rachegefühle bei mir im Spiel. Ich wollte meine intellektuelle Überlegenheit gegen sie ausspielen. Beschämt erkannte ich, dass auch mir der Antrieb, die Unterlegenheit eines anderen auszunützen, nicht fremd war.

Diese Erkenntnis hatte zur Folge, dass wir ihnen, wenn ihre Geschichtsbilder soweit sie den Nationalsozialismus betrafen, falsch waren, zwar unser Wissen und unsere Sicht der Dinge mitteilten, sie auch darauf hinwiesen, dass wir ihnen auf Wunsch Informationsmaterial zur Verfügung stellen konnten, ihnen dies jedoch nicht aufzwangen. Sich mit diesen Informationen auseinanderzusetzen, bedeutete für sie mehr als nur einen intellektuellen Erkenntnisgewinn. Es bedeutete eine oft sehr schmerzhafte Auseinandersetzung mit eigenen Irrtümern und Wunschbildern und eine vielleicht noch schmerzhaftere Auseinandersetzung mit den Erwachsenen, denen sie loyal vertraut hatten, die bei ihnen kindliche Illusionen geweckt oder sie unterstützt hatten. Dass dieser innere Konflikt von uns wahrgenommen und akzeptiert wurde, war wichtig für den Aufbau einer vertrauensvollen Beziehung. Sie brauchten die Gewissheit, dass sie nicht wieder für fremde Zwecke missbraucht wurden. Sie wollten wahrgenommen werden, gerade auch mit ihren sensiblen und verletzbaren Anteilen.

Kann man von einem Menschen, der selbst verletzt wurde, erwarten, dass er sich in der Interaktion mit anderen anders verhält? Sie waren zwar nicht körperlich angegriffen und verletzt worden – Misshandlungen berichteten sie nicht aus ihrer Kindheit – aber Ohnmacht und entsprechende Wut über seelische Verletzungen hatten sie alle mehr oder weniger intensiv erlebt, sei es auch nur in der Form, dass man sie abgeschrieben hatte, ihnen nichts mehr zutraute und tolerierte, dass sie immer mehr in das gesellschaftliche »Aus« und in die Randständigkeit gerieten. Man hatte sie entweder für eigene Zwecke missbraucht und instrumentalisiert oder sie ohne väterliche Führung weitgehend sich selbst überlassen. Die Anerkennung, dass sie nicht nur Täter, sondern auch Opfer waren, machte es möglich, sie in ihrer Ganzheit zu akzeptieren und darauf zu vertrauen, dass diese Selbsterfahrung, so bitter sie war, dennoch Chancen zu einer Integration auch der eigenen abgespaltenen, verletzten, sensiblen und gewaltsam abgewehrten und unterdrückten Anteile ermöglichte.

Es dauerte oft Wochen, bis sie von sich aus von unserem Angebot Gebrauch machten, das ihnen zur Verfügung stehende Material zu sichten. Erst dann waren sie auch innerlich bereit, ihre Ansichten und Meinungen infrage zu stellen. Nicht Toleranz trieb uns zu dieser abwartenden Haltung an – wir hatten ihre Ideologie und die entsprechenden Rechtfertigungen ihrer Gewaltkriminalität nie toleriert – sondern die Erkenntnis, dass sie einen schwierigen Weg vor sich hatten und dass wir sie dabei zwar unterstützen und ihre Bereitschaft zur Auseinandersetzung wecken, ihnen aber die Arbeit nicht abnehmen konnten.

Der äußere Rahmen für eine Dialogkultur wurde von Jugendrich-

tern geschaffen, die die Jugendlichen im Rahmen von Bewährungs-
auflagen zu einem wöchentlichen sozialen Training verurteilt hatten.
Sie mussten regelmäßig daran teilnehmen und sich mit uns an einen
Tisch setzen – eine Zwangsveranstaltung also.

Die Frage war für uns, wie wir diesen Raum kreativ für die
Jugendlichen und für uns nutzen konnten. Wie war es möglich,
gegen ihre Widerstände und Gewohnheiten mit ihnen in ein
Gespräch zu kommen, das über apodiktische Statements und pure
Selbstdarstellung hinausging? Wie konnten wir eine gemeinsame
Erfahrung und damit auch einen Bezug zu einem bestimmten
Thema herstellen? Methodisch begannen wir die Gruppensitzungen
in der Regel mit einem zehnminütigen Video. Wir boten den Jugendlichen jeweils drei Videos zur Auswahl an: zum Beispiel Ausschnitte
aus Interviews aus dem Film *Shoah* von Claude Lanzman, Fernseh-
aufnahmen, Filme oder Dokumentarmaterial. Unser Gedanke war,
einen gemeinsamen Bezugspunkt vorzugeben und eine sachbezo-
gene Ebene einzuführen, die keinen Bekenntniszwang provozierte,
aber Stoff zum Nachdenken bot.

In einer Sitzung wählten die Jugendlichen ein Interview aus, das
eine farbige, in der DDR aufgewachsene Frauenärztin gegeben hatte.
Sie war das Kind eines amerikanischen farbigen Besatzungssoldaten
und trotz ihrer unehelichen Geburt sehr behütet im Kreis der mütterlichen Familie aufgewachsen. Erst mit der Aufnahme in den Kindergarten wurde ihr ihre andere Hautfarbe bewusst. Sie fühlte sich
abgelehnt und mit einem Makel behaftet. Dennoch entwickelte sie
ein gesundes Selbstbewusstsein, das sie sich auch bewahren konnte,
als sie sich nach dem Abitur von den Behörden massiv diskriminiert
fühlte: Sie wollte Lehrerin werden, doch man sagte ihr, es sei nicht
vorstellbar, dass weiße Kinder von einer farbigen Lehrerin unter-
richtet würden. Sie studierte daraufhin Medizin und wurde Frauenärztin.

Obgleich die Jungen dieses Interview ausgewählt hatten, beherrschten zunächst eine halbe Stunde lang die wenigen anwesenden

Mädchen die Diskussion. Sie interessierten sich für den emanzipatorischen Aspekt des Films und dafür, dass diese Frau sich gegen alle Widerstände durchgesetzt hatte. Sie verbanden den Werdegang der Ärztin mit ihren eigenen Wünschen und Fragen und diskutierten, wie sie nach der Wende Zugang zu qualifizierten Ausbildungsgängen oder zum Fachhochschulstudium bekämen. Nach einer halben Stunde stand plötzlich einer der bislang schweigenden Jungen auf, brachte mit einer Handbewegung die Mädchen zum Schweigen und sagte nur einen Satz:»Die ist hier zuhause, aber die hat kein Vaterland.« Danach setzte er sich wieder. Ich bewunderte den Jungen dafür, dass er eine halbe Stunde lang offensichtlich über den Film nachgedacht und sich eine Meinung gebildet hatte. Die anderen Jungen nickten zustimmend. Auf die Frage, was sie unter »Vaterland« verstünden, erklärten sie – einige Jahre nach der Wende, die an den Familien keineswegs spurlos vorübergegangen war:

Vaterland ist das Land

- in dem man geboren ist und wo man dazugehört
- das einem keiner nehmen kann
- in dem für einen gesorgt wird
- auf das man stolz sein kann
- auf das man sich immer verlassen kann

Dies waren idealisierende Zuschreibungen, mit denen sie eher ihre unterdrückten Enttäuschungen und Hoffnungen als ihre tatsächlichen Erfahrungen zum Ausdruck brachten.

Die Jugendlichen brauchten Zeit, um diese Gedanken zusammenzutragen und ließen mir deshalb auch Zeit und Raum für eigene Gedanken. Mir fiel ein, dass der ehemalige Bundespräsident Gustav Heinemann Deutschland »ein schwieriges Vaterland« genannt hatte. Ich sagte ihnen, dass ich seine Meinung teilte. Daraufhin wurden sie neugierig und wollten mehr wissen über meine Kriegskindheit – ich bin Jahrgang 1932 – und meine Erfahrungen mit dem Nationalsozialismus. Wie hatte ich den Krieg, das Kriegsende 1945 und die Zeit danach erlebt? Es war das erste Mal, dass sie mich nach meinen Erfahrungen fragten und von mir etwas wissen wollten. In der Pädagogik ist es im Gegensatz zum therapeutischen Setting unverzichtbar, dass der Pädagoge oder die Pädagogin authentisch greifbar und fassbar wird. Darin liegt die Chance, akzeptiert und ernst genommen zu werden. Ohne eine solche Akzeptanz ist eine pädagogische Arbeit nicht möglich.

In der therapeutischen Arbeit sind wir gewöhnt mit assoziativen und symbolischen Gleichsetzungen zu arbeiten, um einen Zugang zu der inneren Welt eines Menschen zu finden. Der Patient gibt uns Material für Deutungen, mit dem wir arbeiten können. Würde sich dies, das war meine ungeklärte Frage, auch in diesem Setting bewähren? Mit der Bereitschaft, sich spontan auf eine assoziative Arbeit einzulassen, war bei den Jugendlichen nicht zu rechnen. Ich war auf *meine* Gedanken und Assoziationen angewiesen. Diese konnten zwar keine Deutungen rechtfertigen, aber Anlass zu vertiefenden Fragen geben, auf die sie sich einlassen konnten oder auch nicht. Ich wusste aus Erfahrung, dass mit nachträglichen Idealisierungen oft schwierige und enttäuschende Erfahrungen abgewehrt werden. Sollte das auch bei ihnen der Fall sein? Beim Zuhören stellten sich folgende Fragen ein:

Wehrten sie mit der Idealisierung des Vaterlands Enttäuschungen ab, die sie mit ihrem Land nach dem Zusammenbruch der DDR erlebt hatten? Symbolisierte das Vaterland für sie unbewusst auch die Erfahrung mit den eigenen Vätern? Welche Sehnsüchte kamen in diesen Idealisierungen des Vaterlands zum Ausdruck? In welche authentische persönliche Sprache ließen sich ihre Äußerungen übersetzen? Waren ihre Anliegen im Grunde vielleicht folgende:

- Ich möchte ein Zugehörigkeitsgefühl (Geborgenheitsgefühl) haben, das mir keiner nehmen und keiner infrage stellen kann.
- Ich möchte mir keine Sorgen um meine Zukunft machen müssen.
- Ich möchte stolz auf mich und meine Herkunft sein.
- Ich möchte verlässliche Beziehungen haben.

Da ich von meinen Erfahrungen gesprochen hatte, fiel es ihnen leichter, auch von ihren Erfahrungen zu sprechen. Auf meine Frage nach ihren Vätern erfuhr ich, was zu erwarten und mir zum Teil schon bekannt war: Sie waren enttäuscht von ihren abwesenden, depressiven, mit sich selbst beschäftigten und vom Alkohol abhängigen Vätern, die es – manche bereits vor, manche erst nach der Wende – im Gegensatz zu den Müttern nicht geschafft hatten, ihren Platz in der Gesellschaft zu finden. Sie fühlten sich von ihren Vätern allein gelassen und den mitunter sehr dominierenden oder überforderten Müttern ausgeliefert. Ihre Väter hatten nicht mit Interesse und tatkräftiger Unterstützung die Entwicklung ihrer Kinder verfolgt und waren bei der Suche nach einem Ausbildungs- oder Arbeitsplatz nicht behilflich gewesen.

Wenn sie enge Bindungen zu ihren Großvätern entwickelt hatten, war für mich überraschend, wie unkritisch sie trotz der Aufklärung im Schulunterricht deren Heldengeschichten aus der Nazi-Zeit übernommen hatten und wie begeistert die inzwischen fast erwachsenen sechzehn- oder achtzehnjährigen Jungen erzählten, dass sie am liebsten »wie die Wikinger« – ihre Lieblingslektüre – auf dem Schlachtfeld sterben und nach Walhalla eingehen wollten. Dort winkten ihnen Ehre und Ruhm sowie Frauen zur Belohnung. Die Ähnlichkeit dieser phantastischen Klischees mit den Vorstellungen islamistischer Selbstmordattentäter war verblüffend. Allerdings fehlte es den Jugendlichen gänzlich an Mut, sich auf ein wirkliches Schlachtfeld zu begeben. Sie traten großmäulig auf, waren in ihrer Entwicklung aber auf dem Niveau eines 7- bis 8-jährigen Jungen stehen geblieben, der seine erste Leseleidenschaft mit Kriegs- und Heldengeschichten befriedigt. Ein alter pädagogischer Vers besagt:

> Jungen spielen gern Soldaten,
> doch nur, wenn sie nicht geraten,
> werden sie dann mit der Zeit,
> was als Kinder sie gefreut.

Weshalb waren sie nicht geraten? Niemand hatte sie liebevoll und kritisch auf dem immer schwierigeren Weg des Erwachsenwerdens begleitet. Das traditionelle Geländer, an dem man sich festhalten und orientieren kann, ist brüchiger und fragwürdiger geworden. Den Jungen fehlten Direktheit, Entschiedenheit, Standfestigkeit, Zuverlässigkeit, Selbstkontrolle, Grenzen, Orientierung, Anforderungen, Ansporn und gesunder Ehrgeiz. Bildlich gesprochen zeigten sie ein kleinjungenhaftes Profil: Sie hatten eine große Klappe, aber es war wenig dahinter. Die Aufgabe, die fehlenden oder abwesenden Väter zu ersetzen, fiel den Sozialarbeitern zu. Sie kümmerten sich täglich um die Jugendlichen, trieben mit ihnen Sport, waren ihnen bei Alltagsproblemen behilflich, wuschen ihnen den Kopf, wenn sie wieder einmal (was nicht selten vorkam) eine Chance vermasselt hatten, und standen ihnen kritisch und gleichzeitig solidarisch zur Seite. Bei dieser ohnehin schwierigen Arbeit wurden die Betreuer zudem noch mitunter misstrauisch von ihren Kollegen beäugt: »Wer mit Rechtsradikalen arbeitet, muss selbst ein Rechtsradikaler sein«, hieß es häufig. Sie fühlten sich oft allein gelassen. Außerdem verfügten sie meist nur über befristete Stellen. Da die Chancen einer Vertragsverlängerung für das kommende Jahr oft erst Ende November geklärt wurde, wurde eine kontinuierliche pädagogische Arbeit fast unmöglich gemacht. Wenn es den Sozialarbeitern gelang, eine Bindung herzustellen und das Vertrauen der Jugendlichen zu erwerben, konnten sie mit diesem Kapital arbeiten, denn dann wurden sie als Vater-Ersatz angenommen.

In der Praxis bewährte sich am besten eine Konstellation von Mann und Frau als Sozialarbeiter – stellvertretend für ein Elternpaar, das nicht getrennte, sondern gemeinsame Wege suchte und ging. Die Jungen brauchten auch eine »Ersatzmutter«, die mit dem Vater an einem Strang zog, ihnen nichts durchgehen ließ und gleichzeitig ein eigenständiges weibliches Auge auf ihr seelisches und leibliches Wohl oder ein offenes Ohr für ihren Kummer mit den Freundinnen hatte.

Das vom Jugendrichter angeordnete soziale Training war eine eindeutig »väterliche« Maßnahme. Die Jugendlichen mussten die Autorität des Gerichts ernst nehmen, für die Folgen ihrer Taten einstehen, wurden zur Rechenschaft gezogen und bekamen eine Chance, die sie nutzen konnten oder auch nicht.

Konfrontation mit der historischen Wahrheit

Zu einer Eskalation, deren Dynamik für uns nicht voraussehbar war, kam es während eines wiederum vom Gericht angeordneten siebentägigen sozialen Trainings auf Usedom. Die wunderschöne Umgebung lud zu Sport und Spiel ein, was die Jugendlichen auch ausgelassen genossen hatten. Es war geplant, in dieser Zeit mit ihnen aufklärend über ihre nationalsozialistische Ideologie zu sprechen. Während der ersten vier Tage hatten die Sozialarbeiter Dokumentarfilme gezeigt und politisch Verfolgte und ehemalige KZ-Häftlinge eingeladen, die sich bereit erklärt hatten, mit den Jugendlichen zu reden. Auch wenn dies in bester Absicht geschehen war, hatten die täglichen Berichte von Zeitzeugen die Jugendlichen wohl überfordert. Offensichtlich löste die Konfrontation mit Opfern des Nationalsozialismus mehr Emotionen aus als erwartet. Die Jugendlichen ertränkten ihren Frust und die unverarbeitete Desillusionierung in Alkohol. Es war ein Protesttrinken und gleichzeitig der Versuch, mit sich wieder ins Reine zu kommen und Spannungen abzubauen. Am letzten Tag, so war vorher mit ihnen besprochen und abgestimmt worden, kam als Zeitzeugin Frau X., die als Jüdin im Konzentrationslager Auschwitz inhaftiert war und überlebt hatte.

Die Jugendlichen hatten Frau X. nie zuvor gesehen und begegneten ihr dennoch mit einem unerwartet unverhohlenen Hass. Ich war versucht, die Veranstaltung abzubrechen. Frau X. als Jüdin, als Frau und als Zeitzeugin wurde offensichtlich als massive Bedrohung empfunden, die das Gebäude von Lügen und Halbwahrheiten zum Einsturz bringen und die Ideologie der Jugendlichen infrage stellen konnte.

Zunächst reagierten sie frech und mit Provokationen auf Frau X. Sie äußerten zum Beispiel Zweifel, ob es Auschwitz überhaupt gegeben habe und fragten Frau X. hinterhältig, wie die Gaskammern von innen aussähen. Dass Frau X. diese Frage selbstverständlich nicht beantworten konnte, wurde mit hämischem Grinsen in der Gruppe aufgenommen:»Also war sie nicht dort, sonst müsste sie das wissen.« Als ich sie fragte, wie sie sich denn Auschwitz vorstellten, beschrieben sie es fast kindlich naiv wie ein Ferienlager: Der Lagerleiter sei gekommen, habe die Neuankömmlinge begrüßt, ihnen die Einrichtung einschließlich der Gaskammern gezeigt und sie in Gruppen eingeteilt. Sie hatten absurde Vorstellungen, die zwar offen ließen, ob sie tatsächlich daran glaubten, die aber in einem Ton vorgetragen wurden, als seien sie selbst in Auschwitz gewesen und hätten es mit eigenen Augen gesehen. Unter diesen Bedingungen konnte trotz des Angebots, das Thema zu wechseln, kein Gespräch zustande kommen. Die Jugendlichen hatten keine wirklichen Fragen. Sie wollten nichts wissen, im Gegenteil: Sie sahen in Frau X. eine zugleich gefürchtete und verachtete Gegnerin, die sie fertig machen wollten.

In der Pause gingen sie in die nahe gelegene Cafeteria, die Frau X. und ich etwas später ebenfalls betraten. Als wir uns mit unserem Kaffee zu ihnen an den Tisch setzten, erhob sich die ganze Gruppe geschlossen mit den Worten:»Wir setzen uns nicht mit einer Jüdin an einen Tisch.« Daraufhin standen Frau X. und ich spontan auf und gingen nach draußen, wo bislang das Gespräch stattgefunden hatte. Mir war klar, dass die Veranstaltung nur fortgesetzt werden konnte, wenn sich die Jugendlichen entschuldigten. Dies hatten sie durch unseren Weggang begriffen. Es dauerte eine halbe Stunde, ehe sie das einzige Mädchen der Gruppe vorschickten, das eine Entschuldigung murmelte. Das genügte uns nicht. Wir verlangten, dass sich auch die Jungen, und zwar jeder Einzelne entschuldigte. Sie mussten die moralische Verantwortung für ihr Handeln übernehmen. Tatsächlich kamen sie unserer Aufforderung nach.

Danach passierte etwas Überraschendes: Die Jungen waren plötzlich wie ausgewechselt. Erleichtert, aufnahmebereit und wissbegierig richteten sie ernst zu nehmende Fragen an Frau X. Aufmerksam lauschten sie ihrem Bericht und hakten nach. Sie blieben eineinhalb Stunden bei der Sache. Inzwischen war es Mittag geworden und wir mussten uns verabschieden. Fröhlich, erleichtert, gut gelaunt stiegen sie auf die Schaukel und auf die Wippe und verabschiedeten sich von Frau X., als sei sie eine langjährige Bekannte mit Handschlag, mit »Tschüss« und ihrem Vornamen. Sie hatten allerdings nicht mitbekommen, dass wir, insbesondere Frau X., nicht in der Lage waren, ihre Hassattacken so schnell zu vergessen. Wir hatten ihnen zwar standgehalten, aber es hatte viel Kraft und Selbstüberwindung gekostet.

Offensichtlich hatten die Jungen ursprünglich geplant, uns in die Flucht zu schlagen. Ich hatte den Eindruck, sie waren in den vergangenen Tagen mit Informationen zum Nationalsozialismus überfüttert worden und das Augenmerk der Sozialarbeiter war zu wenig darauf gerichtet, ob sie das Angebotene auch verdauen konnten. Keinesfalls hatten sie jedoch damit gerechnet, dass wir auf ihre Provokation so prompt und direkt, nicht mit Worten, sondern durch unser Handeln reagierten. Dennoch verstanden sie die Brisanz der Situation sofort und trauten sich eine halbe Stunde nicht aus der Cafeteria. Allerdings gingen sie dann davon aus, es sei mit der Entschuldigung des Mädchens für die Gruppe getan. Dies zeigt erneut die typische Geschlechterteilung: Männer schlagen die Wunden und Frauen pflegen die Verwundeten als Wiedergutmachung. Wir konnten und durften uns damit nicht zufrieden geben. Denn für die Handlungen der Gruppe war jeder einzelne, der mitgemacht hatte, auch verantwortlich. Dies galt unabhängig davon, ob er sich aktiv beteiligt oder den verbalen Angriff auf Frau X. schweigend und billigend in Kauf genommen hatte. Die Jugendlichen haben dies begriffen.

Worte können ein Schlüssel sein, Türen zu öffnen. Doch was

geschieht, wenn sie nicht gehört werden? Sind wir dann nicht aufgefordert zu handeln?

Ich bin nicht sicher, ob die Jugendlichen voraussahen, dass die Entschuldigung auch ihnen gut tun würde. Dass die Wiedergutmachung sie von der Last ihrer offensichtlichen Schuld- und Schamgefühle befreien würde. Sie wussten genau, was sie Frau X. und ihren Freunden angetan hatten. Doch wussten sie auch, dass sie damit sich selbst etwas angetan hatten? Ahnten sie, dass die maßlose Verachtung, die sie Frau X. ohne jeden Anlass hatten spüren lassen, als Schamgefühl auf sie selbst zurückfiel? Dies war keine Heldentat, auf die sie stolz sein konnten. Hinzu kam, dass das präsumtive Opfer nicht geschlagen am Boden lag, auch nicht moralisch zurückschlug, sondern sich behauptete, Grenzen setzte und klare Forderungen auf Wiedergutmachung stellte. Der Hergang zeigt, dass die Jugendlichen durchaus ein Gewissen hatten, das vorübergehend zum Schweigen gebracht war. Er zeigt allerdings auch, dass sie die Unterstützung von außen brauchten, um das Schweigen zu brechen bzw. davon erlöst zu werden.

Die Londoner Psychoanalytikerin Hanna Segal hat 1986[46] in Zusammenhang mit der atomaren Bedrohung und ihren Folgen gesagt:»Das Schweigen ist das eigentliche Verbrechen.« Ich kann diese Aussage nur bestätigen. Das Schweigen schützt weder den Verbrecher noch das Opfer. Gerade die Gruppe hat nicht nur den positiven Effekt, Probleme realitätsgerechter zu lösen, sondern verschleiert durch kollektives Schweigen oftmals Vergehen und Verbrechen aus Angst, dass daraus negative Folgen für das Selbstwertgefühl resultieren. Es ist zudem bequem, das Gewissen auszuschalten, wenn in der Gruppe und aus der Gruppe heraus agiert wird. In der Gruppe fühlten sich die Jugendlichen ungleich stärker und mächtiger, als sie es einzeln gewesen wären. Die Gruppe verführte zu narzisstischer Selbstüberschätzung, illusionärem Größenwahn und überheblicher Arroganz. Dies machte es ihnen leicht, Frau X. abzuwerten und zu beleidigen.

Wir hätten auch sitzen bleiben oder aufstehen und ganz fortgehen können. Unsere Reaktion erfolgte spontan und unmittelbar, aus dem richtigen Gefühl heraus, dass umgehend etwas geschehen müsse und wir die Provokation nicht unerwidert lassen konnten. Unsere Reaktion enthielt aber auch, was man im psychoanalytischen Sprachgebrauch eine *projektive Identifikation* nennt: Die Jugendlichen projizierten ihre eigenen unzufriedenen und frustrierten Anteile in uns, führten gegen uns einen Stellvertreterkrieg und bekämpften die Botin anstelle der Botschaft. Wir hatten unsererseits in die Jugendlichen ein trotz allem ansprechbares Gewissen projiziert, das ihnen vorhielt, was sie getan hatten. Natürlich konnten wir in diesem Moment nicht sicher sein, ob unsere Annahme zutraf, geschweige denn, ob es uns gelingen würde, in einen Kontakt mit dieser inneren Instanz der Jungen zu treten. Die Reaktion der Jugendlichen gab uns in diesem Fall Recht. Doch auch, wenn es uns nicht gelungen wäre, sie zu einer Anerkennung ihrer Schuld zu bringen, hätten wir nur so und nicht anders handeln können. Das Eingeständnis und die Anerkenntnis ihres Fehlers waren die moralische Grundlage für eine Fortsetzung des Gesprächs. Dies waren wir uns selbst, unserer Selbstachtung und unseren Grundsätzen schuldig. Das submanische Omnipotenz- und Imponiergehabe der Jugendlichen, die auftraten, als seien sie selbst in Auschwitz gewesen, musste ihrer Einsicht weichen, dass Frau X. über ein Wissen verfügte, das ihnen fehlte. Diese Chance konnten sie in der zweiten Hälfte der Begegnung nutzen, obwohl diese Informationen sie auf die Dauer zu einer schmerzhaften Auseinandersetzung mit ihren Illusionen und mit ihrer inneren Realität bringen mussten.

Eine Verleugnung der Realität zieht, wenn sie unkorrigiert bleibt, weitere Verleugnungen nach sich. Die Mauer, die man zwischen sich und der Realität aufbaut, wächst und wird größer: sie schützt zwar das Innere, z. B. vor Desillusionierung, aber sie wird auch zum Gefängnis. Der Mythos der ideologischen Unbesiegbarkeit rechtsradikaler Jugendlicher steht auf schwachen, tönernen Füßen. Sie wissen das selbst. Das ist auch der Grund, weshalb sie einer offenen Diskussion ausweichen, und zwar nicht nur äußerlich, sondern auch innerlich, indem sie ihr Gewissen und ihre Vernunft zum Schweigen bringen. Diese werden jedoch dann zu paranoid gefürchteten Verfolgern, weil man die innere und äußere Realität nicht aus der Welt schaffen kann. Man muss sich ihnen entweder stellen oder sich auf die Flucht begeben.

Das Dilemma dieser Jugendlichen schien zu sein, dass sie eine Grenzen setzende und zur Anerkennung des Anderen verpflichtende Erfahrung zu selten gemacht hatten und vor allem im Umgang mit Frauen nicht erwartet hatten.

Sportlicher Wettkampf und spielerische Auseinandersetzung

Warum setzten die Jugendlichen ihr vorhandenes Potenzial nicht konstruktiv und kreativ ein? Mitunter fehlten ihnen schlicht die Mittel. Nachdem ihnen das Jugendamt sowohl ein Haus als auch die Arbeitsmaterialien zur Renovierung zur Verfügung gestellt hatte, zeigten sie sich einsatzbereit und geschickt, daraus etwas nach ihren Vorstellungen Konstruktives zu machen. Die makellose weiße Wand war nicht nur ihr Ideal, sondern zeigte auch, dass sie etwas leisten konnten, wenn sie motiviert waren. Sie zeigte ebenfalls, dass sie das Angebot eines Jugendhauses nutzen und es herrichten konnten, bis sie sich darin wohl fühlten. Dazu trug sicher bei, dass sie sich nicht ständig infrage gestellt fühlten, weil sie unter sich blieben. Spontane Überfälle auf Ausländer hat das neue Jugendzentrum allerdings nicht verhindert. Eine äußere Veränderung zieht nicht automatisch eine innere nach sich.

Auch die sehr wichtigen Sportangebote änderten nur wenig am Grundproblem, obgleich die Jugendlichen sie gern und zunehmend mit Geschick und Können wahrnahmen und dabei eine gesunde Freude und Stolz auf ihren Körper entwickelten. Immerhin wurden sie durch diese Angebote von der Straße geholt und beim Fußball-spiel mit »ausländischen« Mannschaften, sprich mit türkischstäm-migen Jugendlichen, konfrontiert. Sie entwickelten dabei Spaß am Spiel, an fairer Konkurrenz, an dem Einhalten von Regeln und an Erfolgen, auf die sie mit Recht stolz sein und mit denen sie, alters-gemäß passend, den Mädchen gegenüber angeben konnten. Der Begründer der Psychoanalyse, Sigmund Freud, schrieb 1923[47], dass das Ich zunächst und vor allem ein »Körper-Ich« sei. Dies bedeutet, dass wir uns in der Entwicklung unserer Kindheit zunächst und vor allem auf den eigenen Körper und seine Empfindungen beziehen, wenn wir »Ich« sagen, und so ein kohärentes Selbstbild entwickeln. Diese frühen Empfindungen begleiten uns ein Leben lang. Auch wenn man diese Meinung nicht teilt, kann jeder leicht nachvollzie-hen, dass körperliches Wohlbefinden und ein gesundes Leistungsge-fühl dem Selbstbewusstsein gut tun. Intuitiv hatten die Sozialarbei-ter dies erfasst und umgesetzt. Einige Jugendliche hatten, wie sich in Gesprächen herausstellte, noch aus ihrer Kindheit Erinnerungen an die sozialistische Jugendkultur der DDR, in der sportliche Angebote selbstverständlich und kostenlos für alle Jugendlichen waren. In Gesprächen knüpften sie manchmal daran an.

Mitunter endeten die Spiele auch in einer unbeschwerten kind-lichen Balgerei, in die auch die Sozialarbeiter als Vater-Ersatz einbe-zogen wurden. Die Jungen blieben dabei unter sich. Der Nachhol-bedarf an einer männlichen Kindheits- und Jugendkultur war ganz offensichtlich groß und zeigte sich zunächst vor allem in körper-betonten Spielen, im Kräftemessen, sportlicher Konkurrenz unter-einander und immer wieder in mit zunehmendem handwerklichem Geschick ausgeführten Ausbesserungsarbeiten. Ohne ihre Unifor-mierung, ohne die martialischen Springerstiefel, wirkten sie in der Sporthalle allein schon äußerlich zivil und waren von den angeb-lichen »Feinden« beim Fußballspiel nur durch ihre Trikots zu unter-scheiden. Mannschaften traten gegeneinander an, nicht mehr im Krieg, sondern im Wettkampf. Die Erfahrungen der Sozialarbeiter mit sportlichen Aktivitäten in der DDR kamen ihnen jetzt zugute, da sie klar die Führung übernehmen konnten. Diese wurde auch akzeptiert.

Gesellschaftliche und politische Maßnahmen

Für die möglichen Opfer ist die Stärkung der Zivilgesellschaft der wichtigste Schutz, denn rechtsradikale Gewalt ereignet sich meist unvorhersehbar und spontan im öffentlichen Raum. Deshalb wurde am 23. 05. 2000 das »Bündnis für Demokratie und Toleranz – gegen Extremismus und Gewalt« gegründet, das lokale Initiativen und Projekte durch Information, Beratung und Dokumentation fördert und für Vernetzung (www.buendnis-Toleranz.de) sorgt. Unter diesem Dach sind auch spezielle Förderprogramme angesiedelt wie XENOS, CIVITAS, ENTIMON und »Jugend für Toleranz und Demokratie – gegen Rechtsextremismus, Fremdenfeindlichkeit und Antisemitismus« des Bundesministeriums für Familie, Senioren, Frauen und Jugend (www.bmfsfj.de). 1980 wurde das »Forum gegen Rassismus« gegründet, das mittlerweile rund 80 Organisationen und staatliche Stellen umfasst, darunter auch fünfzig bundesweit bzw. überregional tätige Nichtregierungsorganisationen (NGOs). Die Bundeszentrale für politische Bildung gibt Literaturhinweise (www.bpb.de) und der Verfassungsschutzbericht bietet jeweils aktualisierte Daten (www.verfassungsschutz.de). Wichtig und gemeinsam ist allen Bestrebungen die Information und Aufklärung der Bevölkerung, um die mentale Unterstützung, der sich vor allem sowohl die Propagandisten aber auch die Gewalttäter oft sicher sein können, kritisch zu hinterfragen. Gerade überregional arbeitende Institutionen können in Regionen, in denen auch mit politischer Unterstützung des Rechtsradikalismus zu rechnen ist, ein Umdenken fördern und den Widerstandsgeist wecken und stärken.

Zu den Initiativen der Bundesregierung gehört u. a. die vom

Bundesministerium des Inneren herausgegebene Publikation *Feindbilder und Radikalisierungsprozesse – Elemente und Instrumente im Politischen Extremismus*, die Beiträge von Wissenschaftlern aus den jährlich stattfindenden Symposien des Bundesamtes für Verfassungsschutz veröffentlicht, allerdings häufiger mit dem Themenschwerpunkt Islamismus (www.bmi.bund.de). Speziell gegen Antisemitismus arbeitet das Programm »Education on Antisemitism«, dem das Internationale Institut für Bildung, Sozial- und Antisemitismusforschung, die Berlin-Kreuzberger »Initiative gegen Antisemitismus«, das jüdische Online-Magazin »haGalil« und regionale Arbeitsstellen für Jugendhilfe, Schule und interkulturelle Arbeit angehören. Die Notwendigkeit der Arbeit vor Ort ergibt sich nach dem Bericht der Bielefelder Langzeitstudien *Deutsche Zustände* von Wilhelm Heitmeyer aufgrund einer Zunahme der Fremdenfeindlichkeit in Deutschland: Fast jeder Zweite vertritt hierzulande fremdenfeindliche Meinungen.

Aufgrund des Anstiegs rechter Gewalttaten haben SPD und Linkspartei einen »Demokratiegipfel« gefordert, der eine gemeinsame Strategie der demokratischen Parteien, Religionsgemeinschaften, Gewerkschaften, Verbände und Sportvereine vorsieht. Union und Grüne setzen eher auf eine konsequente Strafverfolgung und Hilfen für Aussteiger aus der Szene sowie auf eine stärkere politische Bildung und Förderung zivilgesellschaftlicher Projekte gegen rechts.

Sinnvoll ist, das Gewaltproblem in den Mittelpunkt zu stellen und frühzeitig aufmerksam zu werden, wenn Kinder und Jugendliche anfangen, ihre Konflikte mit Gewalt zu lösen. Einer weiteren Eskalation begegnet man am besten mit vorbeugenden Maßnahmen, die evtl. auch, aber nicht nur, ein soziales Training einschließen. Alle rechtsradikalen Jugendlichen, die ich im sozialen Training kennen lernte, hatten bereits vor dem Erreichen der Strafmündigkeit mit 14 Jahren familiäre, schulische und kinderkriminelle Probleme. Die Eltern, Angehörige und Lehrer hatten diese entweder nicht gesehen oder keine entsprechenden Konsequenzen ergriffen. Das heißt nicht, dass nicht einzelne Maßnahmen erfolgt waren, jedoch nicht kontinuierlich und auch nicht so, dass sie verantwortlich von einem Erwachsenen reflektiert, durchgesetzt und kontrolliert worden wären. Die Mütter als Hauptverantwortliche in der Erziehung waren trotz ihrer gut gemeinten Bemühungen um eine Erziehung der Jungen weitgehend überfordert, ihre Reaktionen reichten von Rückzug, Teilnahmslosigkeit und Resignation bis hin zur Unterstützung durch Bagatellisieren, Ungläubigkeit und illusionäre Hoffnungen. Die Väter waren nicht präsent oder desinteressiert und mit sich selbst beschäftigt, gefangen in ihren eigenen ungelösten Problemen von Arbeitslosigkeit, Mutlosigkeit und Alkoholismus. Auch die seitens der Schulen verhängten Sanktionen erwiesen sich oft als wirkungslos und bestätigten dann in den Augen der Jugendlichen die Machtlosigkeit der Institution Schule. Sie waren deshalb, so paradox es klingen mag, auf Polizisten und Richter gut zu sprechen, weil diese nicht nur redeten, sondern auch in der Lage waren zu handeln und die entsprechenden Mittel dazu in der Hand, also Macht hatten. Allerdings hieß das nicht, dass sich ihre innere Einstellung veränderte: Sie beugten sich der Gewalt, gerade weil sie Gewalt bejahten. Vielleicht spürten sie mitunter auch den Hass der Vergeltung, der aber ebenfalls keineswegs Empörung auslöste, da sie Hass aus persönlicher Erfahrung kannten.

Hass ist ein starkes Gefühl, das immer eine Ursache hat. Dies bedeutet jedoch nicht, dass die angeführten Gründe die tatsächlich wahren sind. Eine Ursache ihres Hasses und ihrer Minderwertigkeitsgefühle war bei den Jugendlichen in Marzahn, Lichtenberg und Mitte die fehlende Lebensperspektive zu einer Zeit, in der sie aufgrund ihres Alters gefordert waren, Zukunftspläne zu entwickeln. Teils waren sie unfähig, sich ihre Zukunft überhaupt vorzustellen und auf Ziele hinzuarbeiten, teils sahen sie gesellschaftlich keine Chancen, ihre Vorstellungen zu verwirklichen. Sie erreichten nicht immer den Abschluss der Hauptschule, nicht selten waren sie kaum aus ihrem Kiez herausgekommen und auch unfähig, eine Bewerbung zu schreiben oder sich auf ein Vorstellungsgespräch einzustellen. Ohne die Vermittlung des Sozialarbeiters, der die Rolle eines Ersatzvaters einnahm, und ohne das engagierte Entgegenkommen bestimmter Firmen hätten sie weder Arbeits- noch Ausbildungsplätze gefunden. Sie lebten in einer Welt, in der sie materiell ausreichend gut versorgt, wenn nicht mitunter sogar verwöhnt waren, die ihnen jedoch keinerlei Perspektive und Entwicklungsmöglichkeit zur Selbsterprobung und Selbstbestätigung bot. Bestenfalls fühlten sie sich von der Gesellschaft nicht wahrgenommen, schlimmstenfalls wie ein überflüssiges Übel behandelt. Dabei befanden sie sich körperlich und geistig in einem Entwicklungszustand, der es ihnen durchaus ermöglichte, unter Anleitung etwas zu leisten, so z. B. beim Sport. Sie zeigten sich auch ehrgeizig und leistungsbereit, wenn etwas von ihnen gefordert wurde. Hinter ihrem martialischen Auftreten, das anderen Angst einflößen sollte und auch einflößte, versteckten sie die eigene Angst und Unsicherheit, sich gesellschaftlich im Aus zu befinden, bevor sie überhaupt eigenständig in ihr Fuß gefasst hatten. Sie gehörten zu der Gruppe von Jugendlichen, die bereits während ihrer Schullaufbahn zu den Verlierern zählte, und sie waren intelligent genug, das zu begreifen. Allerdings suchten sie die Schuld daran nur einseitig bei den Eltern, der Schule und der Gesellschaft, nicht auch bei sich selbst. Mit Sicherheit aber waren sie weder entsprechend ihren Fähigkeiten gefördert noch gefordert worden. Eine Selektion hatte stattgefunden, an der sie zweifellos auch einen aktiven Anteil hatten, der sie aber partiell auch hilflos ausgeliefert waren. Dies hatte eine ohnmächtige Wut in ihnen erzeugt. Als Heranwachsende benutzten sie situativ ihre körperliche Macht und Überlegenheit, um ebenfalls zu selektieren, wer dazu gehören durfte und wer nicht.

Die Situation dieser Jugendlichen im Abseits wirft auch Fragen nach dem sozialen Kitt auf, der unsere Gesellschaft zusammenhält. Was nützen Rechte, die die Verfassung garantiert, was nützen Solidaritätsversprechen, wenn man sich ihrer zwar intellektuell vergewissert, sie aber in der Praxis nicht spürbar und greifbar umgesetzt werden, und die deshalb bei den von Benachteiligung Betroffenen nicht ankommen? Der Soziologe und politische Philosoph an der Freien Universität Berlin, Wolf Lepenies, hat anlässlich seiner Rede bei der Verleihung des Friedenspreises des Deutschen Buchhandels 2006[48] erinnert:»Warum sollten Kinder Loyalität gegenüber ihrer Familie empfinden oder zur Schule gehen und der Schulpflicht genügen, wenn sie das Gefühl haben, weder gefordert noch gefördert, sondern selektiert zu werden?« Alexis de Tocqueville sprach von einer»Zivilreligion«, von der Notwendigkeit, dass sich ein Gemeinwesen auf gemeinsame Werte verständigt. Kann die Bindungskraft dieser Werte nachlassen, zerstört oder gefördert werden? Der Glaube an die zivile Gesellschaft und die sich daraus ergebende Verpflichtung, sich für sie einzusetzen, ist gesellschaftlich in Deutschland vielleicht zu gering ausgeprägt. Er wird, solange immer wieder politische Intrigen und Skandale bekannt werden, durch den Autoritätsverlust sowohl des ehemaligen DDR-Staates als auch der Bundesregierung zunehmend geschwächt. Der moralische Kitt, der notwendig ist, um die Gesellschaft zusammenzuhalten, erweist sich als brüchig, wenn Wirtschaftsskandale und politische Unregelmäßigkeiten nur halbherzig verfolgt werden. Die soziale Realität einer Verlierer-Generation, wie sie die Väter dieser Jugendlichen repräsentieren, und der Eindruck, selbst nicht gebraucht zu werden, verunsichern und rufen Ohnmachtsgefühle hervor. Dies führt dazu, dass die Jugendlichen ihre Aggressionen anstatt gegen die nicht greifbaren politisch Verantwortlichen gegen die greifbaren Schwächsten der Gesellschaft richten.

Die Verhältnisse sind ohnehin unübersichtlicher und unüberschaubarer geworden. Ständige Veränderungen befördern Unruhe und Ängste sowie ein Gefühl der Heimatlosigkeit, das diese Jugendlichen nicht nur miteinander, sondern auch mit ihrem sozialen Umfeld teilen. Ein alltäglicher solidarischer Moralkodex fehlt und kann auch nicht durch Verfassung und ein Grundgesetz ersetzt werden, wenn er nicht unmittelbar positiv erfahren wird. Die Erfüllung ihrer Träume erhoffen sich die Jugendlichen von ihren Kameradschaften, wobei sie nicht sehen, dass der gemeinsame Feind oft das Einzige ist, was die Gruppe zusammenhält. Dies scheint einen Teil der Jugendgenerationen in allen hoch technisierten Ländern zu betreffen. Die Zusammengehörigkeit, die sie künstlich durch gemeinschaftlich gebilligte Gewalt herstellen, kann nicht verdecken, dass ein positives Gemeinschaftsgefühl, wie es früher durch die gemeinsame Religion oder auch durch die Ideologie zustande kam, nicht existiert. Es gibt kein von allen anerkanntes gemeinschaftliches Wertekorsett, das niemanden ausschließt oder in die moralische und gesellschaftliche Randständigkeit verweist. Nostalgische Bemühungen, an religiöse Erfahrungen früherer Generationen anzuknüpfen, helfen nicht weiter, insbesondere da auch diese nicht auf Feindbilder verzichtet haben. Auch die Propagierung einer zivilen Religion von Gleichheit, Verantwortung und Solidarität bleibt hohl, wenn sie nicht an entsprechende Handlungen und positive eigene Erfahrungen gekoppelt ist.

Diese Überlegungen nehmen den jugendlichen Straftätern nicht die Verantwortung für ihre kriminellen Taten ab, aber sie lassen auch nicht zu, dass die Verantwortung des Umfeldes, in dem sich diese spezielle Kriminalität entwickelt und ausgebreitet hat, unter den Teppich gekehrt wird.

Generell sagen alle Studien aus, dass Kinder aus Migrantenfamilien – ebenfalls Heimatlose – an der Gewaltkriminalität im Kindes- und Jugendalter einen überproportional hohen Anteil haben. Mit Recht formulierte die ehemalige Justizsenatorin in Berlin, Karin Schubert, anlässlich eines Vortrages zum Thema *Ungleiche Bildungschancen fördern gesellschaftliche Ausgrenzung*: »Gewalt hat keinen Pass, aber eine gefährdende Kindheit.«[49] Wir können ergänzen: Gewalt hat nicht nur eine gefährdende Kindheit, sondern auch eine gefährdende Jugend, meist ohne Zukunft. Schon Kinder lassen ihre Lehrer spüren, wie ohnmächtig sie angesichts elterlicher, häuslicher, wirtschaftlicher und sozialer Gewalt sind, und lassen sie somit projektiv an dem Erleben eigener Ohnmachtsgefühle teilhaben. Dass dieses Erleben sich nicht nur aus äußeren Erfahrungen zusammensetzt, sondern auch aus inneren, zeigen die Gespräche mit den rechtsradikalen Jugendlichen. Sie träumen davon und wünschen, gebraucht, anerkannt und unterstützt zu werden. Ihr Erwachen aus den Phantasiewelten ist allerdings schmerzhaft, da Phantasien nicht satt machen und sogar umso weiter von dem angestrebten Ziel wegführen, je tiefer man sich in sie hineingelebt hat. Ein selbstkritischer Blick in den »Bauch der Gesellschaft«, dorthin wo die Gefühle der Angst, der Erniedrigung, des verletzten Stolzes, der Ohnmacht und Ausweglosigkeit, des Ärgers und des Zorns sitzen, sowie die Erkenntnis, dass Gefühle nicht aus dem Nichts kommen, zeigen den Boden, auf dem rechtsradikales Gewaltpotenzial leicht zu säen ist und sein Wachstum begünstigt wird. Der einfache Vergleich zwischen West- und Ostdeutschland zeigt nicht etwa, dass Westdeutsche bessere Menschen sind, sondern dass sie eine bessere Kindheit, d. h. bessere Startbedingungen hatten und stärker in die Gesellschaft integriert sind, bzw. dass sie nicht die Auflösung ihres gesamten sozialen Zusammenhalts erlebt haben.

Rechtsradikale Parteien sprechen diese Gefühle von Desintegration und Heimatlosigkeit und die dazugehörigen Vorurteile an: Heimatliebe, Wünsche nach einer Umwälzung des Systems, nach einer Volksgemeinschaft und einer autarken Wirtschaft, die Arbeitsplätze für alle schafft und dem Anspruch nach einer sicheren Lebensperspektive gerecht wird. Sie greifen die Angst vor einer Überfremdung auf. Rechtsradikale Parteien versprechen sich kommunalpolitisch zu engagieren. Manches erinnert in Diktion und Inhalt an das Programm der NSDAP und zielt auf Ressentiments und Emotionen von Menschen, die in der Berliner Republik noch nicht angekommen sind, sich nicht vertreten und nicht zuhause fühlen.

Der Jugendrichter Bernd Diedrich hat in Rüsselsheim gezeigt, dass mit einem engagierten Einsatz bei kriminellen Jugendlichen sehr viel zu erreichen ist, wenn alle Beteiligten gemeinsame Sache machen. Katja Löhr-Müller hat im Rahmen ihrer Doktorarbeit eine ausführliche Untersuchung und Beschreibung des erfolgreichen Modells[50] vorgelegt. Jugendrichter, Eltern, Sozialarbeiter, Lehrer, Arbeitgeber und Freunde wurden regional frühzeitig aktiviert. An die jugendlichen Straftäter wurden nicht nur Forderungen zur Wiedergutmachung gestellt – übrigens bereits vor Abschluss des Strafverfahrens –, sondern ihnen wurde auch Hilfestellung bei der Suche nach Arbeit, Ausbildung und Wohnung sowie Unterstützung auf dem Weg in die Selbstständigkeit und in das Erwachsenwerden angeboten. Bereits vor Abschluss des Verfahrens konnte ein straffälliger Jugendlicher zeigen, dass es ihm ernst war mit einer Veränderung. Spielerisch, und dennoch ernst gemeint, wurde ihm – dem Jugendalter angemessen – die »gelbe« oder »rote Karte« gezeigt, wenn er sich nicht an die vereinbarten Regeln gehalten hatte. Er konnte durch sein Verhalten aktiv Einfluss auf das spätere Strafmaß im Jugendgerichtsverfahren nehmen. Wesentlich war, dass zwischen der Tat und einer ersten Reaktion kein langer Zeitraum verstrich, damit einer späteren emotionalen Distanzierung vorgegriffen wurde. Den Jugendlichen wurden Auflagen gemacht, an die sie sich zu halten hatten, und die auch wirksam kontrolliert wurden.

Grundsätzlich bestand bei allen Beteiligten ein Konsens, die Jugendlichen spüren zu lassen, dass sie für ihre Taten verantwortlich waren. Deshalb hatte Wiedergutmachung Vorrang vor allen anderen Maßnahmen. Diese konnte bereits vor Abschluss eines Strafverfahrens geleistet werden, was positiv im späteren Verfahren berücksichtigt wurde. Bestimmte Auflagen und Weisungen konnten bereits kurz nachdem die polizeilichen Ermittlungen abgeschlossen waren erteilt werden. Nichtbefolgung wurde mit der bereits genannten roten oder gelben Karte quittiert. Ein hohes Maß an ernst zu nehmender sozialer Kontrolle war die Folge. Diese hatte einen doppelten Effekt. Sie setzte einerseits Grenzen und zog zur Verantwortung. Sie bot andererseits aber auch Hilfe an. Die soziale Kontrolle half nicht nur bei

Schul- und Ausbildungsproblemen und in der Freizeitgestaltung, sondern auch dabei, eine zerstörte moralische Integrität wiederherzustellen.

Die weitere rückläufige Entwicklung der Jugendkriminalität von Wiederholungstätern in dieser Region bestätigte den Erfolg dieses Modells, das umzusetzen zwar sehr viel Einsatz und persönliches Engagement verlangte, insgesamt jedoch nicht nur Erfolg versprechender, sondern auch kostengünstiger als der herkömmliche Strafvollzug war.

Ein anderes, ebenfalls bei jugendlichen Straftätern im Einvernehmen mit der Polizei und der Staatsanwaltschaft angewandtes Verfahren ist die Diversion. Das Wort steht für »Umleitung« und bedeutet, dass den Jugendlichen die Chance geboten wird, ohne Gerichtsverfahren Wiedergutmachung zu leisten. Wiedergutmachung heißt in diesem Zusammenhang, die Tat zuzugeben, sich bei dem Opfer zu entschuldigen und Freizeitdienste zu leisten in einer sozialen Einrichtung. Täter und Opfer begegnen sich an einem Tisch mit ausgebildeten Sozialarbeitern und Mediatoren als Diversionsmittler. Der Vorteil dieses Verfahrens ist, dass die Reaktion auf die Tat schneller und damit in größerer Nähe zum Tatgeschehen erfolgen kann. Auch müssen die Opfer den Tätern nicht mehr ängstlich aus dem Weg gehen, wenn sie erlebt haben, dass diese bereit sind, für ihre Taten einzustehen und die Schäden, soweit wie möglich, in Ordnung zu bringen.

Dem Rüsselsheimer Modell und auch dem Diversionsverfahren liegt die Erkenntnis zugrunde, dass in einer sich immer schneller wandelnden Welt viele Eltern mit der Entwicklung ihrer Kinder nicht mehr Schritt halten können und mitunter trotz besten Willens überfordert sind, wenn ihnen in der Adoleszenz Macht- und Sanktionsmittel, wie sie die Polizei, Staatsanwaltschaft oder ein Jugendrichter haben, nicht zur Verfügung stehen. Es wäre demnach ungerecht, den Eltern allein die Verantwortung dafür anzulasten, wenn die Entwicklung ihrer Kinder nach der Pubertät entgleist. Oft sind dafür ebenfalls Faktoren außerhalb der Familie verantwortlich, wie z. B. der Einfluss der Clique oder die fehlenden Chancen und Anreize für die Entwicklung eines gesunden Selbstbewusstseins. Dies sind Faktoren, die sich dem Einfluss, der Kontrolle und damit auch der Verantwortung der Eltern entziehen.

In der *Shell-Jugendstudie 2007* kommt der Bielefelder Sozialforscher Klaus Hurrelmann[51] zu der Einschätzung, dass viele Eltern aufgrund mangelnder Bildung und Armut mit der Erziehung ihrer Kinder überfordert sind: Die Väter sind frustriert, weil sie ihre tradierte Rolle als Ernährer der Familie durch Arbeitslosigkeit verlieren und nicht selten aus mangelndem Selbstwertgefühl alkoholabhängig werden. Die Mütter sind zermürbt, weil sie durch die Hausarbeit, durch materielle Sorgen und oft auch eigene Erwerbsarbeit zunehmend unter Druck geraten. Die Eltern verlieren ihre Gelassenheit und die Kinder wachsen in einem emotional verwahrlosenden Milieu auf. Die Vorschläge, die Klaus Hurrelmann zur Behebung dieser Probleme gemacht hat, wie z. B. Pflichtkurse für Eltern zur Erziehung, greifen nicht, so der Kriminologe Christian Pfeiffer kritisch, solange nicht für die Jugendlichen selbst positive Anreize in Form von Herausforderungen, spannenden Selbsterprobungen und lustbetonte Anerkennung für erfolgreiche Leistungen geschaffen werden.

Solange 10 % der Hauptschüler die Schule ohne Abschluss verlässt und 38 % von ihnen wenig Optimismus in Bezug auf die Zukunft hat, wächst der Druck, den Angst und Unsicherheit erzeugen. Mit ihm wächst die Gefahr einer Flucht in Phantasie-, Fernseh- und Internet-Welten. Es wächst auch der Hass auf Zuwanderer gleich welcher Provenienz, mit denen sich die Jugendlichen in ihrem Kampf um die geringen Ressourcen in Konkurrenz sehen, falls sie sich dieser Konkurrenz (und sei es nur vor ihrem inneren geistigen Auge) überhaupt stellen. Solange diese Realität nicht als Problem begriffen und nicht dort mit der Problemlösung angesetzt wird, können auch Programme wie das der derzeitigen Bundesregierung »Jugend für Vielfalt, Toleranz und Demokratie« wenig ausrichten.

Notwendig sind langfristige Programme, die aber kurzfristig vor Ort angelegte Projekte zur Fortbildung von Lokalpolitikern, Lehrern und Sozialarbeitern, wie sie CIVITAS und ENTIMON anbieten, nicht überflüssig machen. Interesse an einer differenzierten Wahrnehmung von realen Konfliktsituationen und gezieltes staatliches und bürgerschaftliches Engagement sind nötig, wenn sich kurz- und langfristig etwas ändern soll.

Programme können grundsätzliche Überlegungen nicht ersetzen: Wie kann unter den Bedingungen der Globalisierung eine solidarische Gemeinschaft aufrechterhalten und übergroße Mobilität verhindert werden? Denn soziale Kontrolle ist auf gewachsene soziale Strukturen, auf ein Heimatgefühl und Verwurzelung angewiesen, die sich bei einer ständigen Unsicherheit und Mobilität nicht entwickeln können. Wo und wie kann im Zeitalter der Rationalisierung und der gleichzeitig schwindenden Energiereserven in den Betrieben und im öffentlichen Raum wieder auf die menschliche Arbeitskraft zurückgegriffen werden, über die diese Jugendlichen im Übermaß verfügen? Wie können den Bürgern im öffentlichen Raum mehr Gestaltungsmöglichkeiten gegenüber einer überbordenden und eigene Initiativen verhindernden Bürokratie eingeräumt werden, in die sie ihre vorhandene kreative Phantasie einbringen können?

Es gibt Projekte, die sich nicht an bereits straffällige Jugendliche wenden, sondern im Vorfeld tätig werden. Eines dieser Projekte ist das »Denkzeit-Training«, das von einer Projektgruppe der Freien Universität Berlin angeboten wird: Bereits in der Schule auffällig gewordene Jugendliche, die zu gewaltsamen Konfliktlösungen neigen, sollen in diesem Training lernen, auf Provokationen und konfliktreiche Beziehungen nicht unmittelbar, sondern nach einer »Denkzeit« zu reagieren. Sie sollen lernen, nicht unmittelbar unreflektiert aus dem Bauch heraus zu handeln. Dieses an die Verhaltenstherapie angelehnte Konzept kann allerdings die Defizite nicht wettmachen, die vor allem diese rechtsradikalen Jugendlichen geprägt haben: nämlich, dass sie in einer Welt aufgewachsen sind, die auf ihre Bedürfnisse nach ehrlicher Anerkennung und realistischer Leistungsanforderung nicht reagiert, gerade so, als handele es sich um Bewohner eines anderen Planeten, für die man sich nicht zuständig fühlt. Fremde also, wie jene, die sie hassen.

Je intensive wir mit den Jugendlichen zu tun hatten, umso mehr weckten sie bei uns gemischte Gefühle: Empörung über ihre Gewalttätigkeit, Aufmerksamkeit für ihre wahrnehmbaren Defizite, Sensibilität für ihre spürbaren und nachvollziehbaren Enttäuschungen, Verletzungen und realistischen Ängste.

Viele Vorschläge seitens der Politik mögen das Gewissen der Initiatoren beruhigen. Die Frage ist aber: Helfen sie wirklich? Die SPD schlug einen Demokratiegipfel vor, Bundeskanzlerin Angela Merkel berief einen Integrationsgipfel ein. Die demokratischen Parteien, Glaubensgemeinschaften, Gewerkschaften, Verbände und Sportvereine wurden zu Strategieentwicklungen gegen rechte Gewalt aufgerufen. Die Linkspartei forderte eine unabhängige Beobachtungsstelle gegen Rechtsextremismus. Konsequentere Strafverfolgung, Hilfe für Szene-Aussteiger und stärkere politische Bildung werden ebenfalls gefordert. Dies alles geht jedoch an den jugendlichen Tätern/Opfern und ihren mentalen Unterstützern in der Familie und dem sozialen Umfeld vorbei, solange die Projekte nicht tatsächlich die Jugendlichen aus ihrer subjektiv wahrgenommenen, aber auch tatsächlichen Misere herausholen und sie am gesellschaftlichen Reichtum – auch am Reichtum von Ressourcen und Ideen – partizipieren lassen. Jugendliche wollen mitmachen und mitgestalten. Es gibt wohl kaum etwas Schlimmeres für junge Menschen, als in der Blüte ihrer Jahre zu erleben, dass ihr Kräfte und Fähigkeiten weder gebraucht werden noch das Interesse besteht, ihnen Entwicklungschancen zu geben. Überspitzt formuliert stehen sie mit siebzehn Jahren im gesellschaftlichen Aus. Welche Orientierung haben Gesellschaft und Politik anzubieten? Ist die zu beobachtende Orientierungslosigkeit nicht auch Ausdruck gesellschaftlicher Indifferenz? Selbst ein Training für gewaltfreie Konfliktlösungsstrategien kann die Tatsache nicht aus der Welt schaffen, dass diese randständigen Jugendlichen auch Opfer globaler struktureller Gewalt sind und dass selbst das beste Training nichts nützt, wenn diese ökonomische Gewalt unreflektiert und unangetastet bleibt.[52] Dies gilt vor allem in den hoch industrialisierten Ländern. Selbst wenn der Politik die Kontrolle über diese strukturelle Gewalt längst entglitten ist, wäre ein ehrliches Eingeständnis hilfreicher als beschwichtigende Gesten oder die Verhöhnung der Opfer, indem man Arbeitslose oder sozial Schwache für schuldig an einer Entwicklung erklärt, die sie nicht zu verantworten haben.

IV. Ein Blick in die Zukunft

Was uns rechtsradikale Jugendliche lehren

Können wir von diesen Jugendlichen lernen? Wilhelm Heitmeyer schlägt vor, das Phänomen nicht nur als Problemfall, sondern auch unter dem Gesichtspunkt eines produktiven Unruhefaktors zu sehen. Produktiv, da sie auf einen Zustand aufmerksam machen, der zwar gesehen, aber gleichzeitig auch verleugnet wird. Das Problem, dass der Einstieg in das Berufsleben zunehmend schwieriger geworden ist, viele ihn voraussichtlich nicht schaffen, dadurch randständig werden und sich gesellschaftlich überflüssig und wertlos fühlen, wird nicht engagiert genug angegangen. Da die Jugendzeit ohnehin eine Durchgangsphase ist, aus der man, kaum hineingewachsen, wieder hinausgewachsen ist, ist es gerade für diese Altersgruppe schwierig, ihre Kräfte strategisch so zu bündeln, dass sie auch politischen Erfolg haben könnte. Eine Bündelung und politische Strategie setzen Geduld, Ausdauer, Konzentration und Solidarität voraus – Eigenschaften, die eher untypisch für diese Altersstufe sind. Hinzu kommen die zunehmende Individualisierung und Pluralisierung. Die Jugendlichen wären kein provozierender Unruhefaktor, wenn sie nicht auch aufrütteln wollten.

Die jugendlichen Gewalttäter unter ihnen gehören nicht selten zur Schicht der Modernisierungsverlierer, und zwar sowohl wenn sie arbeitslos sind, als auch wenn sie aus Langeweile und Überdruss ihre Kräfte destruktiv einsetzen, weil keine lohnenswerte Aufgabe auf sie wartet. Solange sie über nichts weiter verfügen als über ihre körperliche Arbeitskraft, befinden sie sich in einer ausweglosen Billiglohn-Konkurrenz, in der das einzige Kapital, das sie anzubieten haben, durch die Abnahme der traditionellen Erwerbsarbeit zunehmend inflationär entwertet wird. Helfen könnten die Förderung individueller Fähigkeiten und Beratung bereits in der Schule sowie gezielte, frühzeitig einsetzende Qualifikationsmaßnahmen. Sie kommen jetzt bei vielen zu spät.

Wie sensibel die Jugendlichen ihre Situation wahrnehmen, war in den Gesprächen deutlich zu merken. Sie reagierten überempfindlich auf alles, was als intellektuelle Überlegenheit verstanden oder missverstanden werden konnte. Dieser Konkurrenz fühlten sie sich in keiner Weise gewachsen und waren auch nicht auf sie vorbereitet. Wie auch andere, nicht rechtsradikale Jugendliche wiesen sie darauf hin, dass dem Problem, wie Menschen an den Rand gedrängt werden, zu wenig Aufmerksamkeit geschenkt wird. Desintegrationsprozesse betreffen nicht nur Ausländer, sie sind auch ein Inländer-Problem. Die hierdurch bedingte Verunsicherung betrifft nicht nur die Jugendlichen, sondern auch die älteren Generationen; sie hat vor zwanzig Jahren am unteren Ende der Sozialleiter begonnen und geht inzwischen durch alle gesellschaftlichen Schichten hindurch, allerdings mit unterschiedlicher Brisanz.[53] Die Verunsicherung weckt Angst, Ohnmachtsgefühle und Hass. Der Hass wird an den Schwächsten der Gesellschaft durch die Abwertung der fremden und Aufwertung der eigenen Gruppe, durch Diskriminierungen und Ausgrenzungen mit verbaler oder körperlicher Gewalt abreagiert. Dies alles ist Ausdruck von Menschenfeindlichkeit, aber auch Symptom einer Verschiebung des Hasses auf nächst greifbare Personen anstelle eines ungreifbaren anonymen Feindes. Es demonstriert beispielhaft Machtausübung in öffentlichen sozialen Räumen im Gegensatz zu privat erfahrenen Ohnmacht. Die Jugendlichen erfahren momentane Erleichterung, weil sie ihre Wut abreagieren können; dies ändert aber nichts an deren Ursachen.

Wenn die ideologisch präformierten ausländischen Opfer nicht greifbar sind, die Wut aber präsent ist, kann es rasch zu Angriffen auf andere Opfer kommen. Dies zeigt das Beispiel von Marcel, der gemeinschaftlich mit anderen Jugendlichen im Jahr 2002 den Jungen Marinus brutal ermordete,»weil keine Asylbewerber aufzutreiben waren«. Wir sollten uns als nicht unmittelbar Betroffene daher nicht in falscher Sicherheit wiegen. Was hier gewachsen ist, kommt aus dem Schoß dieser Gesellschaft und bedroht nicht nur Ausländer. Die Verantwortung dafür kann uns keiner abnehmen.

Ein Gespräch mit den Jugendlichen ist nur möglich, wenn man sich den Blick frei hält für ihre tatsächlichen Probleme und wenn man bereit ist, in den mitunter paranoid anmutenden Ideen den Kern realistischer Ängste und Verunsicherungen anzuerkennen. Das setzt keineswegs eine unbegrenzte Toleranz voraus (auf die Problematik dieses Begriffs hat Heitmeyer bereits hingewiesen), sondern Anerkennung. Toleranz kann eher als ein Ausweichen vor der Konfrontation und damit auch als Angst, es mit Rechtsradikalen aufzunehmen, verstanden werden. Grenzen der Toleranz aufzuzeigen ist dann besonders wichtig, wenn klare Grenzüberschreitungen stattfinden. Die Jugendlichen selbst haben dafür durchaus ein Gespür. So hört z. B. die Toleranz auf, wenn Menschen prinzipiell jede Daseinsberechtigung oder Solidarität aufgekündigt wird. Wenn ich von Toleranz spreche, meine ich damit nicht jene falsche Toleranz, vor der Heitmeyer zu Recht warnt, die nur anerkennt, was der mächtigeren Mehrheit nützt, aber unduldsam ist, sobald es um Ansprüche auf Teilhabe an ökonomischer oder politischer Macht von Minderheiten geht. In Heitmeyers Konzept der gegenseitigen Anerkennung werden Konflikte nicht ausgespart. Vielmehr muss es zu einer Übernahme der Perspektive des anderen kommen sowie zu einer bewussteren und reflektierteren Wahrnehmung der fremden und der eigenen Position. Dies setzt die Fähigkeit voraus, Selbstkritik und Differenzierungen ertragen und sich auch einer unangenehmen Realität stellen zu können, ohne sie zu verleugnen oder den Kopf in den Sand zu stecken.

Die Ängste der Jugendlichen, selbst randständig zu sein, zu werden oder zu bleiben, sind teilweise berechtigt. Sie können nicht durch rückwärtsgewandte Beschwörungen einer vermeintlich glorreichen Vergangenheit aus der Welt geschafft werden. Auf dem Arbeitsmarkt müssen sich die Jugendlichen, ob sie wollen oder nicht, auf eine Konkurrenz einstellen, die im Gegensatz zu ihnen von klein auf materiell weniger verwöhnt wurde und bedürfnisloser ist, und die sich billiger anbietet und verkauft, eventuell sogar zu Dumping-Löhnen. Der Konflikt ist da, muss akzeptiert und konstruktiv gelöst werden. Rechtsradikale Jugendliche lehren uns, dass dieser Konflikt unausweichlich ist und dass gesamtgesellschaftlich Lösungen dafür erarbeitet werden müssen, wie im Zeitalter der Globalisierung eine aktive Teilnahme der vielen ungelernten oder nicht qualifizierten Arbeiter am Arbeitsmarkt gelingen kann. Hierzu ist allerdings auch eine Solidarisierung der Gesellschaft nötig, die nicht nur die materielle Sicherheit, sondern auch die Teilhabe möglichst vieler Menschen an gesellschaftlich anerkannter und entsprechend honorierter Arbeit sucht. Den Trend zur Globalisierung können wir nicht beeinflussen, wohl aber eine gerechtere Verteilung des erwirtschafteten gesellschaftlichen Reichtums, sodass nicht nur einige wenige, sondern alle davon profitieren. Das Angebot von Arbeitgebern in Lichtenberg, den Jugendlichen Arbeitsplätze zur Verfügung zu stellen, war für manche von ihnen ein gangbarer und realistischer Weg aus der Krise. Er half ihnen, sich von Minderwertigkeitsgefühlen, Angst, Ohnmacht und Gewalt zu befreien.

Chancen in Staat und Gesellschaft

Es ist nicht immer leicht, Strukturen, die Gewalt provozieren oder unterstützen, zu erkennen und bis zu ihren Ursprüngen zu verfolgen. Mechanismen zur Ausgrenzung von Minderheiten, seien sie sozial, materiell oder ethnisch, sind ein lebendiger Prozess. Dieses Phänomen wurde von der Bielefelder Forschergruppe um Heitmeyer in Deutschland jahrelang untersucht. Die Ergebnisse sind in der »Desintegrationstheorie« zusammengefasst. Was führt zur Desintegration? Armut, Chancenlosigkeit, Fremdheit und Unterprivilegierung.

Zweifellos sind auch die organisierten rechtsradikalen Gruppierungen in Deutschland Randgruppen. Dies bedeutet jedoch nicht, dass sie nicht in der Bevölkerung der verschiedenen Bundesländer mit unterschiedlich starker mentaler Unterstützung rechnen können. Noch stärker desintegriert sind die nicht in eine feste Organisation eingebundenen rechtsradikalen Jugendlichen, die ein Großteil der ausländerfeindlichen Straftaten begehen. Auf sie trifft die Desintegrationsthese in besonderem Maße zu: Sie befinden sich weltanschaulich, sozial und politisch am Rande der Gesellschaft, fühlen sich überflüssig, werden von niemandem gebraucht und sind für niemanden interessant, es sei denn, sie machen durch spektakuläre Aktionen auf sich aufmerksam. Diese kränkende Erfahrung haben sie durch Passivität und Resignation zum Teil selbst verschuldet. Doch sie sind nicht so auf die Welt gekommen. Was ihnen gefehlt hat, waren Väter, Lehrer und Erzieher, die sie forderten und förderten. Doch woher sollten ihre Väter nehmen, was sie selbst in ihrer Entwicklung nicht erfahren hatten? Während manche Väter der Jugendlichen in Marzahn und Lichtenberg vor der Wende immerhin noch ein soziales Netz hatten, das sie mit ihren Schwächen auffing und ihnen eine Nische zubilligte, in der sie auch gesellschaftlich anerkannt überleben konnten, fiel dieses Netz nach der Wende weg. Viele fühlten sich nicht in der Lage, sich aus eigener Kraft zu behaupten. Die Flucht in den Alkohol machte für sie die Situation zeitweise erträglicher und war doch bereits ein Ausdruck ihrer Resignation.

Es fehlten aber nicht nur die väterlichen Vorbilder. Ebenso fehlten die Anstrengungen staatlicher Erziehungsinstitutionen, Mittel und Wege zu finden, auch diese Jugendlichen zur Teilnahme am Unterricht und zum Lernen in der Schule zu motivieren, ihre Fähigkeiten zu erkennen und sie individuell zu fördern. Dies ist im herkömmlichen Frontalunterricht kaum möglich. Folgt man den neuesten Berichten, ist Frontalunterricht immer noch die bevorzugt angewandte Schulform in Brandenburg. Nach eigenen Aussagen haben die Jugendlichen anstatt Grenzziehungen Ausgrenzungen erlebt und sich zunehmend emotional radikalisiert.

Die häufig angewandten Sanktionsinstrumente der Schule, wie Unterrichtsausschluss oder Schulverweis, richten bei den Jugendlichen, die bereits auf dem Weg ins gesellschaftliche Abseits waren, nichts mehr aus. Weil Schuleschwänzen ohnehin zum Standardrepertoire dieser Klientel gehört, sind die Jugendlichen gegen diese Sanktionen völlig abgestumpft. So bewirken sie nur einen Autoritätsverlust der Institution Schule, und damit der Lehrer und des Staates. Diese Autorität ist nur schwer wieder herstellbar.

Wer kontrolliert diese durch Desintegration entstehende Gewalt, deren Existenz nicht zu bezweifeln ist? Und: Geht es nur um Kontrolle, oder müssen nicht vielmehr die Ursachen dieser Gewalt weiter erforscht werden, und zwar nicht nur fokussiert auf die Jugendlichen, sondern auch auf das gesellschaftliche Umfeld, dessen mentaler Unterstützung sie sich sicher sein können? Wenn man sich die Leitbilder dieser Jugendlichen ansieht, so bilden sie in ihrer Widersprüchlichkeit exakt die gesellschaftliche Realität ab. Sie spiegeln einen Zustand der »Anomie«, der Widersprüchlichkeit und Orientierungslosigkeit, den auch Wilhelm Heitmeyer[54] beschreibt und kritisiert: Einerseits sind es Leitbilder des männlichen Erfolgs und der männlichen Überlegenheit, die sich darauf stützen, dass Männer sowohl in der Wirtschaft als auch in der Politik immer noch den Ton angeben und führend sind. Gleichzeitig driften gerade Jungen, soweit es ihre schulischen Leistungen, ihre Anerkennung und ihr Selbstbewusstsein betrifft, immer stärker ins Abseits, weil ihnen angemessene Wege, sich ihren Platz in der Gesellschaft zu erobern und sich den speziell an Jungen gerichteten Anforderungen zu stellen, schon frühzeitig verbaut oder gar nicht erst eröffnet werden. Die hieraus entstehende Spannung, die durch die Medien noch verstärkt wird, weil sie sich demonstrativ den Erfolgsverwöhnten verschrieben haben, ist für viele Jungen kaum auszuhalten und führt zu verzweifeltem männlichen Imponiergehabe und zu Kurzschlussreaktionen. Die beschriebene Orientierungslosigkeit und Widersprüchlichkeit scheinen insbesondere ein Problem technisch hoch entwickelter Gesellschaften zu sein, die offensichtlich nach wie vor Schwierigkeiten haben, ihre idealisierten ökonomischen und politischen Götter zu entthronen, sie von ihrem Podest herunterzuholen und Auge in Auge mit ihren Zeitgenossen Rede und Antwort stehen zu lassen. Wer zwingt die Reichen, ihren materiellen Erfolg gesellschaftlich zu rechtfertigen? Wer würdigt die Beiträge der Hartz-IV-Empfänger zu einer Sanierung der Staatsfinanzen, deren bankrotten Zustand sie nicht hauptursächlich zu verantworten haben?

Es ist eine gesellschaftliche Realität, dass die Erziehung der Jungen in der frühen Kindheit und auch noch während der Schulzeit weitgehend in Frauenhand ist. Die Omnipotenz des Weiblichen wird durch die vielen zunehmend allein erziehenden Mütter noch unterstützt und verstärkt. Dies ist psychologisch für Jungen ein größeres Problem als für Mädchen, auch wenn diese Tatsache selbstverständlich nicht nur für die Entwicklung der Jungen von Bedeutung ist, sondern Auswirkungen auf alle Kinder hat. Psychoanalytische Untersuchungen von Eltern-Kind-Beziehungen in der frühen Kindheit haben gezeigt, dass Kinder mit dem Vater andere Spiele, andere Herausforderungen und Erprobungen des Selbst als mit der Mutter verbinden, und zwar in einer zunächst vor allem körperbetonten, lustvollen Art durch das hautnahe Erleben von Kraft, Stärke und Überlegenheit. Das führt dazu, dass beide Geschlechter, vor allem aber Jungen, männliche Stärke als etwas Positives erleben und genießen. Es setzt sich später fort in technischen Spielereien und Basteleien, in denen die Väter oder Ersatzväter ihre handwerklichen und häufig auch ihre beruflich erworbenen Kompetenzen auf ihre spezifische Weise einbringen. Sichtbar wurde dies in den zum Teil von den Jugendlichen geforderten und provozierten Spielen mit den Sozialarbeitern, die einen Nachholbedarf an fast kindlich anmutenden aggressiv-spielerischen Körperkontakt erkennen ließen. Die spezifische körperliche und emotionale Kompetenz des Vaters wird von den Kindern als solche erlebt, aufgenommen und symbolisch verarbeitet. Daran ändert auch eine Angleichung der Geschlechtsrollen nichts: Selbstverständlich können Frauen die gleichen Berufe und Fertigkeiten wie Männer erwerben und müssen in ihrer Kompetenz ernst genommen werden. Es schließt aber nicht aus, dass beide Geschlechter diese jeweils auf ihre Weise gestalten und bereichern.

Ein Junge, der über die Identifikation mit seinem Vater ein positives Selbstwertgefühl entwickelt und erlebt, dass er von Kindheit an unbekümmert darin gefordert und gefördert wird, ein erwachsener Mann zu werden, hat es später nicht nötig, sein Selbstwertgefühl durch die Entwertung anderer illusionär zu stabilisieren. Vor allem wird er aber sein Selbstwertgefühl gemessen an einem präsenten und damit auch erreichbaren Vorbild schrittweise in einer geschlechtsspezifischen Weise entwickeln können, die es ihm später möglich macht, sich auch seiner sexuellen Identität nicht auf Kosten des anderen Geschlechts und dessen Entwertung vergewissern zu müssen.

Untersuchungen haben gezeigt, dass in Zeiten gesellschaftlicher Umbrüche und Wertverschiebungen Aspekte eines »kulturellen Gedächtnisses« (Assmann 2000)[55] wieder aktiviert werden können, die aus psychoanalytischer Perspektive sowohl einen progressiven, also einer positiven Entwicklung dienenden, als auch einen regressiven und damit einer negativen Entwicklung dienenden Charakter haben können. Regressiv sind alle Entwicklungen, die der Verselbstständigung, Anerkennung der Realität und Übernahme eigener Verantwortung im Weg stehen. Die eingangs genannten Werte Rechtsradikaler zeigen ein deutlich regressives und, gemessen an Erwachsenenstandards, unreifes Profil:

- Das Führerkonzept enthebt der eigenen Verantwortung und führt in die Unselbstständigkeit.
- Das paranoide Weltbild führt zu einer verzerrten, unrealistischen Selbstwahrnehmung.
- Die Entwertung anderer führt zu einer illusionären Aufwertung der eigenen Person.

Die Folge ist eine brüchige Identität, die ständig dadurch bedroht ist, dass sie von der so vehement verleugneten Realität eingeholt wird. Anstatt zu einer Stärkung, führt sie zu einer Schwächung der Persönlichkeitsentwicklung. An dieser Tatsache ändern auch Aufmärsche, spektakuläre Aktionen und Imponiergehabe rechter Parteien nichts. Es ist deshalb auch nicht immer sinnvoll, sich negativ in Gegenaktionen zu verstricken, weil diese sogar als Bestätigung des angestrebten Spektakulären erlebt werden können.

Das Bedürfnis nach positiven Identifikationen und Vorbildern ist ein elementar menschliches und wird in Deutschland weitgehend nur von Sportlern befriedigt, als sei der Sport – und wahrscheinlich stimmt das nach zwei angezettelten und verlorenen Weltkriegen sogar – der einzige Bereich, auf den sich die breite Masse der Bevölkerung konfliktfrei zur Identifikation stützen kann. Sport nimmt in den Medien einen großen Raum ein. Andere Bereiche kommen hingegen elementar zu kurz. Z. B. wird viel zu selten über die mutigen, Frieden stiftenden Einsätze deutscher Entwicklungshelfer oder über deutsche Hilfsaktionen in anderen Ländern berichtet. Nicht nur deren Erfolg, sondern auch die Schwierigkeiten, mit denen sie alltäglich zu kämpfen haben, müssten stärker Thema sein. Jungen haben ebenso wie Mädchen von Natur aus ein gesundes Interesse, ihre spezifischen Fähigkeiten zu entwickeln und sie in den Dienst einer Sache zu stellen, für die sich ein Einsatz lohnt.

Das beschriebene Netzwerk-Projekt des Jugendrichters in Rüsselsheim ist wegweisend, weil es davon ausgeht, dass in einer so stark vernetzten Gesellschaft wie der unsrigen nicht *eine* Gruppe – das Elternhaus oder die Schule – für Fehlentwicklungen verantwortlich gemacht werden kann. Das gesamte soziale Netz eines Jugendlichen ist sowohl an der Produktion von Fehlentwicklungen – und dazu gehört vor allem die gesellschaftliche Randständigkeit – als auch an deren erfolgreicher Beseitigung aktiv beteiligt. Die Voraussetzung dafür ist, dass die Gemeinschaft einen verlässlichen Schutz bietet, verbunden mit der ebenso selbstverständlichen Forderung, dass jeder nach seinem Vermögen einen Beitrag zu leisten hat. Dabei ist es Aufgabe der Erziehungsinstitutionen und der Schule, die Talente, die jeder Einzelne mitbringt, zu erkennen und zu fördern. Es ist ein Anachronismus, dass wir in einem Zeitalter der Individualisierung vom Kindergarten bis zur Hochschule immer noch an Schul- und Ausbildungssystemen festhalten, die dieser Anforderung nicht gerecht werden. Hat die Mutter eines rechtsradikalen Jugendlichen nicht auch Recht, wenn sie nostalgisch DDR-Zeiten nachtrauert, in denen jeder Jugendliche »egal wie dumm er in der Schule war« seinen Arbeitsplatz und damit auch seinen Platz in der Gesellschaft nicht nur fand, sondern auch ausfüllte? Das heißt nicht, dass das ostdeutsche Ausbildungssystem insgesamt, soweit es Schule und Kindergarten betrifft, besser als das westdeutsche war. Zum Beispiel fehlten jegliche individualisierenden Tendenzen. Aber der Eintritt ins Berufsleben war verknüpft mit dem sozialistischen Ideal der Teilhabe eines jeden an der gesellschaftlichen Arbeit. Ähnliche positive Anstrengungen gab es bei der Wiedereingliederung psychisch Kranker, die ihren Arbeitsplatz während der Krankheit nicht verloren haben und somit ihren Platz in der Gesellschaft behielten.

Generationenübergreifend: »Vaterhunger« und »Vatersehnsucht«

Von dem Amokläufer Bastian in Emsdetten, der mit einer Pistole bewaffnet seine ehemalige Schule überfiel, die in seiner Phantasie die Ursache seines Scheiterns war, wird berichtet, dass in dem Moment, als er die Pistole auf den Kopf einer Schülerin richtete, sein Bruder Dennis vorbei kam und rief:»Was soll das? Was tust Du?« Daraufhin ließ er von dem Mädchen ab. Hatten die Worte seines Bruders ihn aus seinen Traumwelten zurück in die Realität geholt? Holten die Worte des Sozialarbeiters nach einem Überfall jugendlicher Rechtsradikaler auf einen Vietnamesen:»Ihr helft mir jetzt, den ins Krankenhaus zu bringen!« diese aus ihren Traumwelten zurück? Es war für mich überraschend zu hören, dass Jugendliche, die wegen schwerer Körperverletzung rechtskräftig verurteilt waren, sich niemals, auch nicht im Strafverfahren, die Bilder ihrer Opfer angesehen hatten. Sie hatten sich der Realität nicht gestellt. Dies erinnerte mich an Gespräche mit Kindern von führenden Nazis. Diese Kinder glaubten, der Vater habe im letzten Moment vor seiner Hinrichtung oder seinem Tod noch bereut. Deshalb sei ihm Vergebung zuteil geworden. Erschreckend für mich war, dass in dieser Phantasie nicht der Schatten der Erkenntnis auftauchte, was die Opfer erlitten hatten und dass nur sie vergeben könnten. Die Einsicht, dass die Väter jedem einzelnen Opfer noch einmal hätten begegnen und es um Verzeihung bitten müssen, und dass ihnen Vergebung allein schon deshalb nicht gewährt werden konnte, weil Tote nicht vergeben können, kam ihnen nicht in den Sinn. Wiedergutmachung in der Phantasie anstatt in der Realität ist eine Wiedergutmachung, die die Realität der Opfer völlig verleugnet und sie unsichtbar macht, wie der Sozialphilosoph Axel Honneth in seinem Buch *Unsichtbarkeit. Stationen einer Theorie der Intersubjektivität* 2003[56] eindrucksvoll beschrieben hat.

Die beschriebenen Beispiele zeigen aber auch, dass ein Wort, ein Satz im rechten Moment gesprochen, diese Welt von Phantasie und

Illusion zerreißen und wie einen Luftballon zum Platzen bringen kann. Wie oft und an welchen entscheidenden Wegmarken mag die unmittelbare Präsenz des anderen bei den Jugendlichen gefehlt haben? Worte können verletzen, aber sie können auch wachrütteln und heilen. Eine direkte verbale Begegnung ist nur möglich, wenn der eine für den anderen im richtigen Moment – im Guten wie im Bösen – als Ansprechpartner präsent ist. Präsenz war das wirksamste Instrument im Umgang der Sozialarbeiter mit den Jugendlichen. Sie war der Schlüssel zu ihren Problemen und auch zu ihren Herzen.

Für mich als Beobachterin war anfänglich die apodiktische Sprache auffallend, die suggerierte, dass die Dinge so seien, wie sie sagten. Sie sprachen, als handele es sich um Tatsachen, nicht um Meinungen, und deshalb waren auch Diskussion, Widerspruch und Nachfrage überflüssig. Die autoritäre Sprache lud nicht zu einem Gespräch ein, im Gegenteil. Allein durch die Sprache schirmten sich die Jugendlichen dagegen ab, aus ihren Phantasiewelten herausgerissen zu werden, wenn man ihnen mit Kritik und Zweifeln begegnete. Sie schirmten sich damit gegen Verletzungen ab, die ihr grandioses Phantasiegebäude hätte einstürzen lassen. Gleichzeitig waren manche Äußerungen und Phantasien provokant absurd. Sie glaubten zum Beispiel, dass der israelische Geheimdienst den Anschlag auf das World Trade Center inszeniert oder zumindest nicht verhindert habe, um den Hass auf die Muslime zu schüren, oder dass ein KZ-Insasse, der die Gaskammern von Auschwitz nicht von innen gesehen habe, auch nicht glaubwürdig bezeugen könne, dass es sie gegeben habe. Ihre Annahmen luden geradezu zum Widerspruch ein. Auf diese Weise schufen sie sich ein Gegenüber, ohne sich bewusst zu sein, wie sehr sie dieses brauchten und – unbewusst suchten.

Die Mütter waren nie in ihre jungenhaften Phantasiewelten eingestiegen, vielleicht weil sie ihnen fremd waren, vielleicht auch, weil sie sich davon bedroht fühlten oder weil sie ihnen schlicht gleichgültig waren. Vielleicht wurden die Mütter von den Jungen auch bewusst ausgeschlossen, um der alles beherrschenden mütterlichen und weiblichen Welt wenigstens in der Phantasie etwas Autonomes, Eigenes, »Männliches« entgegen zu setzen. Bei anwesenden Vätern hätten sie möglicherweise sowohl Verständnis für ihre Träumereien als auch Hilfen und Brücken zum Übergang von der Phantasie zur Realität finden können.

Seitdem die patriarchale Vaterrolle verloren gegangen ist, ist teils ein verstärktes und intensiveres emotionales Engagement der Väter bei der Betreuung und Erziehung der Kinder zu beobachten. Teils weigern sich viele Väter jedoch auch, überhaupt die Verantwortung für ein Kind zu übernehmen. Dabei öffnet die Begegnung mit einem Kind einen neuen Zugang zur eigenen Kindheit, zur eigenen Geschichte, zu mitunter vergessener Lust am Spiel, zur Lust an der Entdeckung der Welt und an der Wiederentdeckung und Weiterentwicklung von vergessenen Fähigkeiten. Spielerische, nicht-sprachliche Kommunikation, Spontaneität, Leben im Augenblick und emotionale Intensität setzen auch bei Vätern Erinnerungen an eine verlorene Kindheit frei, die in einem gewissen Spannungsverhältnis zum erwachsenen Erleben steht und deren Wiederaufleben sowohl Lust als auch Angst machen kann, wie der Diplomsoziologe und Pädagoge Frank Dammasch zusammen mit Hans-Geert Metzger[57] beschrieben hat. Die bunte allegorische Welt des Kindes – der Dinosauriervater, die Drachenmutter, die Ritterkämpfe Mann gegen Mann, die gezähmte triebhafte Wildheit der Raubtiere im Tierpark und die ungezähmte der Tiere in der freien Natur – sie alle wecken und provozieren auch bei den Eltern positive und negative Erinnerungen an die eigene Kindheit und an verarbeitete und unverarbeitete Konflikte. Man kann ihnen durch die Enge der Beziehung nun nicht mehr ausweichen, es sei denn, man verdrängt sie erneut oder bricht den Kontakt zum eigenen Kind ab.

Spielerische Machtkämpfe, Sieg und Niederlage, Aushandeln von Selbst- und Fremdbestimmung – manche Väter sind damit überfordert und regredieren nach der Geburt eines Kindes so stark, dass sie den Kontakt zu ihrem Erwachsensein verlieren und sich in der Beziehung zur Partnerin zurückgesetzt fühlen. Sie wollen dann eifersüchtig bemuttert werden und melden kindliche Versorgungsansprüche an. Andere wiederum flüchten in eine Erwachsenenwelt, weil ihnen der Sog in die regressive Kinderwelt Angst macht. In beiden Fällen finden die heranwachsenden Söhne kein erwachsenes Gegengewicht zur Mutter und keinen zuverlässigen Freund, der im Zwischenraum von Kinder- und Erwachsenenwelt vermittelt und annehmbare realitätsgerechte Kompromisse aushandelt. Für die Identitätsbildung des kleinen Jungen sind die Lösung aus der frühen versorgenden Beziehung zur Mutter, eine Distanzierung und partiell auch eine De-Identifizierung notwendig. Wird diese nicht vollzogen, bleiben Reste der Verbundenheit mit der ehemals als omnipotent erlebten Mutter zurück. Die verinnerlichte Mutter kann dann, obwohl die Nabelschnur äußerlich durchtrennt ist, wie durch einen Zauber im Guten und im Bösen beeinflussen und lenken und auch noch beim Erwachsenen regressive Wünsche und Gefühle von Abhängigkeit, Ausgeliefertsein und Ohnmacht wecken, weil ihr durch Phantasie und Erfahrung geprägtes Bild innerlich immer noch wirksam ist. Die allmählich wachsende Selbstständigkeit und die Unabhängigkeit von der versorgenden Mutter sind der Boden, auf dem sich in der weiteren Entwicklung des Jungen ein gesundes männliches Selbstbewusstsein und ein Gefühl für Autonomie entwickeln können. Nur Selbstsicherheit und Unabhängigkeit ermöglichen später auch in einem symbolischen mütterlichen Raum, wie er durch die Gruppe, die Partei, die Gesellschaft repräsentiert wird, klare Abgrenzungen und selbstbewusste Einstellungen. Sie machen den Weg frei zu einer angstfreien und nicht durch infantile Abhängigkeiten belasteten Beziehung zum anderen Geschlecht.

Erst diese äußere und innere Freiheit ermöglicht einen unbefangenen, nicht durch Vorurteile verengten Blick auf den anderen und einen lebendigen, lustvollen Umgang mit ihm. Was einst Angst machte, weil es die Omnipotenz infrage stellte, wird nun als Bereicherung und als neue, kreative Möglichkeit erlebt, gemeinsam zu schaffen, was dem Einzelnen nicht möglich gewesen wäre. Der guten Erfahrung, gegenseitig aufeinander angewiesen zu sein, folgt die Erkenntnis, dass die Lebendigkeit einer Beziehung gleichermaßen von der Ähnlichkeit wie auch von der Differenz lebt.

Offenheit für diese Erfahrung setzt eine ausreichend gute Versorgung mit väterlichen und mütterlichen bzw. elterlichen Vorbildern in der Kindheit voraus. Auf dieser Basis kann sich ein gesundes Selbstbewusstsein entwickeln. Die gegenseitige Anerkennung und Offenheit für Ähnlichkeit und Verschiedenheit ist die Grundvoraussetzung für die Entwicklung einer guten Beziehung.

Die Gespräche mit den rechtsradikalen Jugendlichen machten für mich sichtbar, was normalerweise sozial unsichtbar bleibt: Es gibt in unserer Gesellschaft bei Jungen wie Mädchen einen ungestillten Vaterhunger und eine ungestillte Vatersehnsucht, die über mehrere Generationen durch Kriege und Terror unbefriedigt und unbearbeitet geblieben sind. Das Gefühl, vom Vater verlassen worden oder ohne Vater aufgewachsen zu sein, hat generationenübergreifende Spuren hinterlassen. Diese zeigen sich in einem Verlust an Kreativität im konkreten und übertragenen Sinn, von dem sich unsere Gesellschaft auch zwei Generationen nach Kriegsende – bezieht man den Ersten Weltkrieg mit ein sogar drei Generationen – noch immer nicht erholt hat.

Anmerkungen

1 Backes, Uwe und Eckhard Jesse: Vergleichende Extremismusforschung. Baden-Baden: Nomos 2005

2 Arendt, Hannah: Elemente und Ursprünge totaler Herrschaft. München: Piper 1986

3 Wippermann, Wolfgang: Über »Extremismus«, »Faschismus«, »Totalitarismus« und »Neofaschismus«. In: Siegfried Jäger und Alfred Schobert (Hg.): Weiter auf unsicherem Grund. Faschismus – Rechtsextremismus – Rassismus: Kontinuitäten und Brüche. Duisburg: Duisburger Institut für Sprach- und Sozialwissenschaften 2000

4 Münkler, Herfried: Die Strategie des Terrorismus und die Abwehrmöglichkeiten des demokratischen Rechtsstaats. Westend. Neue Zeitschrift für Sozialforschung 3 (2006), S. 86–96

5 Willems, Helmut: Fremdenfeindliche Gewalt. Einstellungen, Täter, Konflikteskalation. Opladen: Leske & Budrich 1993

6 Heitmeyer, Wilhelm: Desintegration und Gewalt. In: Pädagogisches Zentrum Berlin (Hg.): Schule ohne Gewalt. Bd. 1, 1992

7 Heitmeyer, Wilhelm (Hg.): Deutsche Zustände. Folge 5. Frankfurt/M.: Suhrkamp 2007

8 Reusch, Susanne: Mädchen und Rechtsradikalismus. Esslinger Pilot-Studie. Diplomarbeit Fachhochschule Esslingen 1994

9 Lange, Astrid: Was Rechte lesen. Fünfzig rechtsextremistische Zeitungen. Ziel, Inhalt, Taktik. München: Beck 1993

10 Neubacher, Bernd: NPD, DVU-Liste D, Die Republikaner: ein Vergleich ihrer Ziele, Organisationen und Wirkungsfelder. Köln: PapyRossa 1996

11 Heitmeyer, Wilhelm: Desintegration und Gewalt. In: Pädagogisches Zentrum Berlin (Hg.) Schule ohne Gewalt, Bd. 1, 1992

12 Gostomski, Christian Babka u. a.: Fremdenfeindlichkeit in den Bundesländern. Die schwierige Lage in Ostdeutschland. In: Wilhelm Heitmeyer (Hg.): Deutsche Zustände. Folge 5. Frankfurt/M.: Suhrkamp 2007, S. 102–128

13 Adorno, Theodor u. a.: Studien zum autoritären Charakter. Frankfurt/M.: Suhrkamp 1973

14 zitiert nach Hippler, Jochen: Rechtsradikale im deutschen Osten.»Rache ist gerecht.« Monatszeitung Wien, November 1990, S. 27–31

15 Weiß, Konrad: Die neue alte Gefahr. Rechtsradikale in der DDR. Untergrundzeitschrift Kontext 5 (1989). Der Text ist öffentlich zugänglich über die Homepage von Konrad Weiß.

16 Brück, Wolfgang: Skinheads als Vorboten der Systemkrise. Die Entwicklung des Skinhead-Phänomens bis zum Untergang der DDR. In: K.-H. Heinemann und W. Schubarth (Hg.): Der antifaschistische Staat entlässt seine Kinder. Jugend und Rechtsextremismus in Ostdeutschland. Köln: Papy-Rossa 1992

17 Funke, Hajo: Paranoia und Politik. Rechtsextremismus in der Berliner Republik. Berlin: Hans Schiler 2002

18 Report des Unabhängigen Centrums für empirische Markt- und Sozialforschung

19 http://www.rz-home.de/~dneitzer/homepage3.htm

20 Koopmann, Ruud: Asyl: Die Karriere eines politischen Konflikts. In: Wolfgang van den Daele und Friedhelm Neidhardt (Hg.): Kommunikation und Entscheidung. WZB (Wissenschaftszentrum für Sozialforschung Berlin). Jahrbuch Berlin 1996; zit. nach Hajo Funke: Paranoia und Politik. Rechtsextremismus in der Berliner Republik. Berlin: Hans Schiler 2002

21 zit. nach Hajo Funke: Paranoia und Politik. Rechtsextremismus in der Berliner Republik. Berlin: Hans Schiler 2002

22 Assmann, Jan: Religion und kulturelles Gedächtnis. München: Beck 2000

23 Ohlendorf, zitiert nach Kühnl, Reinhard: Der deutsche Faschismus in Quellen und Dokumenten. Köln: Pahl-Rugenstein 1975, S. 389

24 Honneth, Axel: Verdinglichung. Frankfurt/M.: Suhrkamp 2005

25 Doderer, Heimito von: Tangenten. Tagebuch eines Schriftstellers. München: Biederstein 1964, S. 261

26 Adorno, Theodor W. u. a.: Studien zum autoritären Charakter. Frankfurt/M.: Suhrkamp 1973, S. 135

27 Kestenberg, Judith: Die Analyse des Kindes eines Überlebenden, In: Bergmann/Jucovy/Kestenberg: Kinder der Opfer, Kinder der Täter. Frankfurt/M.: Fischer1995, S. 173–206

28 Hardtmann, Gertrud (Hg.): Spuren der Verfolgung. Seelische Auswirkungen des Holocaust auf die Opfer und ihre Kinder. Gerlingen: Bleicher 1992

29 Herzog, J.M.: Sleep disturbance and father hunger in 18–20-month old boys. The Erlkönig Syndrom. Psychoanalytic Study of the Child 35 (1980), S. 219–233

30 Mitscherlich, Alexander und Margarete: Die Unfähigkeit zu trauern. München: Piper 1967

31 Green, André: Die tote Mutter. Gießen: Psychosozial 2004 (engl. 1999)

32 Richter, Horst-Eberhard: Die Krise der Männlichkeit in der unerwachsenen Gesellschaft. Gießen: Psychosozial 2006

33 Dammasch, Frank: Die innere Erlebniswelt von Kindern alleinerziehender Mütter. Eine Studie über Vaterlosigkeit anhand einer psychoanalytischen Interpretation zweier Erstinterviews. Frankfurt/M.: Brandes & Apsel 2000

34 Honneth, Axel: Kampf um Anerkennung. Zur moralischen Grammatik sozialer Konflikte. Frankfurt/M.: Suhrkamp 1992

35 Herzog, J. M.: Sleep disturbances and father hunger in 18–20-month old boys. The Erlkönig Syndrom. Psychoanalytic Study of the Child 35 (1980), S. 219–233

36 Piaget, Jean und Bärbel Inhelder: Der Aufbau der Wirklichkeit beim Kind. Stuttgart: Enke 1974

37 Kafka, Franz: Der Aufbruch. In: Beschreibung eines Kampfes (Max Brod Hg.). Frankfurt/M.: S. Fischer 1980, S. 86

38 Platon: Höhlengleichnis. In: Der Staat, 7. Buch. Stuttgart: Kröner 1955, S. 228 ff.

39 Bion, Wilfred R.: Erfahrungen in Gruppen und andere Schriften. Frankfurt/M.: S. Fischer 1990

40 Arendt, Hannah: Wahrheit und Lüge in der Politik. Zwei Essays 1967 und 1971. München/Zürich: Piper 1987

41 Winnicott, Donald W.: (1956) Die antisoziale Tendenz. In: Von der Kinderheilkunde zur Psychoanalyse. Frankfurt/M.: Fischer 1983: S. 230–243

42 Adorno, Theodor W. u. a.: Studien zum autoritären Charakter. Frankfurt/M.: Suhrkamp 1973

43 Heitmeyer, Wilhelm (Hg.): Deutsche Zustände. Folge 5. Frankfurt/M.: Suhrkamp 2007

44 Arendt, Hannah: Wahrheit und Lüge in der Politik. Zwei Essays 1967 und 1971. München/Zürich: Piper 1987

45 Brecht, Bertolt: Hundert Gedichte. Berlin: Aufbau 1954, S. 111–115

46 Segal, Hanna: »Schweigen ist das eigentliche Verbrechen«. Jahrbuch der Psychoanalyse 19 (1986), S. 194–210

47 Freud, Sigmund: Das Ich und das Es. GW XIII, S. 253

48 Lepenies, Wolf: Friedenspreis des Deutschen Buchhandels 2006. Ansprachen aus Anlass der Verleihung. Frankfurt/M.: Börsenverein des deutschen Buchhandels 2006

49 Pressemitteilung Nr. 81 der Senatsverwaltung für Justiz vom 06. 10. 2006

50 Löhr-Müller, Katja: Diversionen durch den Jugendrichter. Der Rüsselsheimer Versuch. Dissertation. Frankfurt/M.: Peter Lang 2001

51 Hurrelmann, Klaus und Mathias Albert (Hg.): 15. Shell Jugendstudie 2006. Frankfurt/M.: S. Fischer 2006

52 Heitmeyer, Wilhelm (Hg.): Gewalt. Frankfurt/M.: Suhrkamp 2004

53 Heitmeyer, Wilhelm (Hg.): Deutsche Zustände. Folge 5. Frankfurt/M.: Suhrkamp 2007

54 Heitmeyer, Wilhelm (Hg.): Deutsche Zustände. Folge 5. Frankfurt/M.: Suhrkamp 2007

55 Assmann, Jan: Religion und kulturelles Gedächtnis. München: Beck 2000

56 Honneth, Axel: Unsichtbarkeit. Stationen einer Theorie der Intersubjektivität. Frankfurt/M.: Suhrkamp 2003

57 Dammasch, Frank und Hans-Geert Metzger: Die Bedeutung des Vaters – Psychoanalytische Perspektiven. Frankfurt/M.: Brandes & Apsel 2006

Literaturverzeichnis

Adorno, Theodor W. u. a.: Studien zum autoritären Charakter. Frankfurt/M.: Suhrkamp 1973

Arendt, Hannah: Elemente und Ursprünge totaler Herrschaft. München: Piper 1986

Arendt, Hannah: Wahrheit und Lüge in der Politik. Zwei Essays 1967 und 1971. München/Zürich: Piper 1987

Assmann, Jan: Religion und kulturelles Gedächtnis. München: Beck 2000

Backes, Uwe und Eckhard Jesse: Vergleichende Extremismusforschung. Baden-Baden: Nomos 2005

Bion, Wilfred R.: Erfahrungen in Gruppen und andere Schriften. Frankfurt/M.: S. Fischer 1990

Brecht, Bertolt: Hundert Gedichte. Berlin: Aufbau 1954

Brück, Wolfgang: Skinheads als Vorboten der Systemkrise. Die Entwicklung des Skinhead-Phänomens bis zum Untergang der DDR. In: K.-H. Heinemann und W. Schubarth (Hg.): Der antifaschistische Staat entlässt seine Kinder. Jugend und Rechtsextremismus in Ostdeutschland. Köln: PapyRossa 1992

Dammasch, Frank und Hans-Geert Metzger: Die Bedeutung des Vaters – Psychoanalytische Perspektiven. Frankfurt/M.: Brandes & Apsel 2006

Dammasch, Frank: Die innere Erlebniswelt von Kindern alleinerziehender Mütter. Eine Studie über Vaterlosigkeit anhand einer psychoanalytischen Interpretation zweier Erstinterviews. Frankfurt/M.: Brandes & Apsel 2000

Doderer, Heimito von: Tangenten. Tagebuch eines Schriftstellers. München: Biederstein 1964

Freud, Sigmund: Das Ich und das Es. GW XIII, S. 253

Funke, Hajo: Paranoia und Politik. Rechtsextremismus in der Berliner Republik. Berlin: Hans Schiler 2002

Green, André: Die tote Mutter. Gießen: Psychosozial 2004 (engl. 1999)

Hardtmann, Gertrud (Hg.): Spuren der Verfolgung. Seelische Auswirkungen des Holocaust auf die Opfer und ihre Kinder. Gerlingen: Bleicher 1992

Heitmeyer, Wilhelm (Hg.): Deutsche Zustände. Folge 5. Frankfurt/M.: Suhrkamp 2007

Heitmeyer, Wilhelm (Hg.): Gewalt. Frankfurt/M.: Suhrkamp 2004

Heitmeyer, Wilhelm: Desintegration und Gewalt. In: Pädagogisches Zentrum Berlin (Hg.): Schule ohne Gewalt. Bd. 1, 1992

Herzog, J. M.: Sleep disturbance and father hunger in 18–20-month old boys. The Erlkönig Syndrom. Psychoanalytic Study of the Child 35 (1980)

Hippler, Jochen: Rechtsradikale im deutschen Osten. »Rache ist gerecht.« Monatszeitung Wien, November 1990, S. 27–31

Honneth, Axel: Kampf um Anerkennung. Zur moralischen Grammatik sozialer Konflikte. Frankfurt/M.: Suhrkamp 1992

Honneth, Axel: Unsichtbarkeit. Stationen einer Theorie der Intersubjektivität. Frankfurt/M.: Suhrkamp 2003

Honneth, Axel: Verdinglichung. Frankfurt/M.: Suhrkamp 2005

Hurrelmann, Klaus und Mathias Albert (Hg.): 15. Shell Jugendstudie 2006. Frankfurt/M.: S. Fischer 2006

Kafka, Franz: Der Aufbruch. In: Beschreibung eines Kampfes (Max Brod Hg.). Frankfurt/M.: S. Fischer 1980

Kestenberg, Judith: Die Analyse des Kindes eines Überlebenden, In: Bergmann/Jucovy/Kestenberg: Kinder der Opfer, Kinder der Täter. Frankfurt/M.: Fischer 1995, S. 173–206

Koopmann, Ruud: Asyl: Die Karriere eines politischen Konflikts. In: Wolfgang van den Daele und Friedhelm Neidhardt (Hg.): Kommunikation und Entscheidung. WZB (Wissenschaftszentrum für Sozialforschung Berlin). Jahrbuch Berlin 1996

Kühnl, Reinhard: Der deutsche Faschismus in Quellen und Dokumenten. Köln: Pahl-Rugenstein 1975

Lange, Astrid: Was Rechte lesen. Fünfzig rechtsextremistische Zeitungen. Ziel, Inhalt, Taktik. München: Beck 1993

Lepenies, Wolf: Friedenspreis des Deutschen Buchhandels 2006. Ansprachen aus Anlass der Verleihung. Frankfurt/M.: Börsenverein des deutschen Buchhandels 2006

Löhr-Müller, Katja: Diversionen durch den Jugendrichter. Der Rüsselsheimer Versuch. Dissertation. Frankfurt/M.: Peter Lang 2001

Mitscherlich, Alexander und Margarete: Die Unfähigkeit zu trauern. München: Piper 1967

Münkler, Herfried: Die Strategie des Terrorismus und die Abwehrmöglichkeiten des demokratischen Rechtsstaats. Westend. Neue Zeitschrift für Sozialforschung 3 (2006), S. 86–96

Neubacher, Bernd: NPD, DVU-Liste D, Die Republikaner: ein Vergleich ihrer Ziele, Organisationen und Wirkungsfelder. Köln: PapyRossa 1996

Piaget, Jean und Bärbel Inhelder: Der Aufbau der Wirklichkeit beim Kind. Stuttgart: Enke 1974

Platon: Der Staat, 7. Buch. Stuttgart: Kröner 1955, S. 228 ff.

Reusch, Susanne: Mädchen und Rechtsradikalismus. Esslinger Pilot-Studie. Diplomarbeit Fachhochschule Esslingen 1994

Richter, Horst-Eberhard: Die Krise der Männlichkeit in der unerwachsenen Gesellschaft. Gießen: Psychosozial 2006

Segal, Hanna: »Schweigen ist das eigentliche Verbrechen«. Jahrbuch der Psychoanalyse 19 (1986), S. 194–210

Weiß, Konrad: Die neue alte Gefahr. Rechtsradikale in der DDR. Untergrundzeitschrift Kontext 5 (1989)

Willems, Helmut: Fremdenfeindliche Gewalt. Einstellungen, Täter, Konflikteskalation. Opladen: Leske & Budrich 1993

Winnicott, Donald W.: (1956) Die antisoziale Tendenz. In: Von der Kinderheilkunde zur Psychoanalyse. Frankfurt/M.: Fischer 1983, S. 230–243

Wippermann, Wolfgang: Über »Extremismus«, »Faschismus«, »Totalitarismus« und »Neofaschismus«. In: Siegfried Jäger und Alfred Schobert (Hg.): Weiter auf unsicherem Grund. Faschismus – Rechtsextremismus – Rassismus: Kontinuitäten und Brüche. Duisburg: Duisburger Institut für Sprach- und Sozialwissenschaften 2000